乡村振兴战略下的乡村文明建设研究

王 雷 著

吉林文史出版社
JILIN WENSHI CHUBANSHE

图书在版编目(CIP)数据

乡村振兴战略下的乡村文明建设研究/王雷著. --.
长春:吉林文史出版社,2023.8

ISBN 978-7-5472-9647-9

Ⅰ.①乡… Ⅱ.①王… Ⅲ.①农村—精神文明建设—
研究—中国 Ⅳ.①D422.62

中国国家版本馆 CIP 数据核字(2023)第 161866 号

乡村振兴战略下的乡村文明建设研究

XIANGCUN ZHENXING ZHANLÜE XIA DE XIANGCUN WENMING JIANSHE YANJIU

作　者　王　雷

责任编辑　柳永哲

装帧设计　钟晓图

印　　刷　三河市嵩川印刷有限公司

开　　本　710 mm×1000 mm　1/16

印　　张　11

字　　数　180 千字

版　　次　2023 年 8 月第 1 版

印　　次　2024 年 1 月第 1 次印刷

出版发行　吉林文史出版社

地　　址　吉林省长春市净月开发区福祉大路 5788 号

网　　址　www.jlws.com.cn

书　　号　ISBN 978-7-5472-9647-9

定　　价　58.00 元

目　录

第一章　乡村振兴的意义和要求

党的十九大开启了中国特色社会主义现代化建设的新时代，吹响了乡村振兴的进军号。"三农"问题是关系国计民生的根本性问题，为实现中华民族伟大复兴，必须更加重视乡村发展。实施乡村振兴战略，是以习近平同志为核心的党中央着眼党和国家事业全局、顺应亿万农民对美好生活的期待做出的重大决策部署，是决胜全面建成小康社会、全面建设社会主义现代化国家的重大历史任务，是新时代做好"三农"工作的总抓手。有中国共产党的坚强领导，有社会主义的制度优势，有国家强大的经济实力支撑，有亿万农民的创造精神，我们完全有信心、有条件、有能力谱写好新时代乡村振兴的新篇章。

第一节　乡村振兴的意义

一、实施乡村振兴战略，是实现社会主义现代化建设战略目标的必然要求

农业农村现代化是国民经济的基础支撑，是国家现代化的重要体现。中国要强，农业必须强；中国要美，农村必须美；中国要富，农民必须富。任何一个国家尤其是大国要实现现代化，唯有城乡区域统筹协调，才能为整个国家的持续发展打实基础、提供支撑。农业落后、农村萧条、农民贫困，是不可能建成现代化国家的。中国共产党始终把解决 14 亿人的吃饭问题当作头等大事，着力保障主要农产品的生产和供给；始终坚持农业是工业和服务业的重要基础，保护和发展农业，以兴农业来兴百业；始终坚持农村社会稳定是整个国家稳定的基础，积极

调整农村的生产关系和经济结构，促进农村社会事业发展，以稳农村来稳天下；始终坚持没有农民的小康就没有全国的小康，千方百计增加农民收入，改善农村生产生活条件，增进农民福祉。改革开放以来，农业农村总体发展较快，现代化水平有了很大提高。但要清醒地看到，我国仍处于社会主义初级阶段，农业农村是国家现代化建设中尤其需要补齐的短板；农业受资源和市场双重约束的现象日趋明显，市场竞争力亟待提升；城乡发展差距依然很大，农民收入稳定增长尤其是农村现代文明水平提高的任务十分艰巨。我们必须切实把农业农村优先发展落到实处，深入实施乡村振兴战略，积极推进农业供给侧结构性改革，培育壮大农村发展新动能，加强农业基础设施建设和公共服务，让美丽乡村成为现代化强国的标志，不断促进农业发展、农民富裕、农村繁荣，保障国家现代化建设进程更协调、更顺利、更富成效。

二、实施乡村振兴战略，是解决我国社会主要矛盾的必然要求

经过全党和全国各族人民的共同努力，我国经济发展、实力增强、社会进步和人民生活都取得了巨大成就，社会主要矛盾转化为人民日益增长的美好生活需要和不平衡不充分的发展之间的矛盾。当前，城乡发展不平衡是我国最大的发展不平衡，农村发展不充分是最大的发展不充分。加快农业农村发展，缩小城乡差别和区域差距，是乡村振兴的应有之义，也是解决社会主要矛盾的重中之重。我国是一个有着960多万平方公里土地、14亿多人口的大国，城市不可能无边际扩大，城市人口也不能无节制增长。不论城镇化如何发展，农村人口仍会占较大比重，几亿人生活在乡村。即使是城里人，也会向往农村的自然生态，享受不同于都市喧闹的乡村宁静，体验田野农事劳作，品尝生态有机的美味佳肴。要协调推进农村经济、政治、文化、社会、生态文明建设和党的建设，全面推进乡村振兴，让乡村尤其是那些欠发达的农村尽快跟上全国的发展步伐，确保在全面建设社会主义现代化国家的征程中不掉队。

三、实施乡村振兴战略，是满足亿万农民对美好生活新期待的必然要求

中国共产党一直以来把依靠农民、为亿万农民谋幸福作为重要使命。这些年来，农业供给侧结构性改革有了新进展，新农村建设取得新成效，深化农村改革实现新突破，城乡发展一体化迈出新步伐，脱贫攻坚开创新局面，农村社会焕发新气象，广大农民得到了实实在在的实惠，实施乡村振兴战略、推进农业农村现代化建设的干劲和热情空前高涨。

四、实施乡村振兴战略，是为世界各国贡献中国智慧的必然要求

中国共产党人在革命、建设和改革发展进程中，立足中国国情，进行了许多积极有效的实践探索，不仅在国家富强和人民幸福上取得举世瞩目的巨大成就，而且为全球进步、发展提供了有益的借鉴。党的十八大以来，中国围绕构建人类命运共同体、维护世界贸易公平规则、实施"一带一路"建设、推进全球经济复苏和一体化发展等许多方面，提出了自己的主张并付诸行动，得到了国际社会的普遍赞赏。同样，多年来，在有效应对和解决农业农村农民问题上，乡镇企业、小城镇发展、城乡统筹、精准扶贫等方面的成功范例，成为全球的样板。在现代化进程中，乡村必然会经历艰难的蜕变和重生。在拥有14亿多人口且城乡区域差异明显的大国推进乡村振兴，实现产业兴旺、生态宜居、乡风文明、治理有效、生活富裕，实现新型工业化、城镇化、信息化与农业农村现代化同步发展，不仅是惠及中国人民尤其是惠及亿万农民的伟大创举，而且必定能为全球解决乡村问题贡献中国智慧和中国方案。

第二节　乡村振兴的总体要求

一、加强党对"三农"工作的领导，把农业农村优先发展落到实处

农业是安天下的产业，是为广大农村人口提供就业机会、实现农民共同富裕的重要产业，是为居民提供食物、为工业提供原料的基础产业，是关系国家经济安全和社会稳定的战略产业。在有14亿多人口的中国，吃饭问题始终是事关国计民生的大事，必须把中国人的饭碗牢牢端在自己手上，坚持粮食基本自给、口粮立足国内。农业是保证和支持国民经济正常运行的基础，为工业和服务业发展提供资金、原材料、劳动力资源和广阔的市场空间。

农村稳定是国家稳定的基础，世界上一些发展中国家由于走了畸形的工业化、城镇化道路，形成规模庞大的贫民窟，严重影响社会安定。忽视农业农村，造成工农业比例失调、城乡二元分割差距扩大，给经济和社会发展带来重大损失，给人民生活造成严重影响。

我国城市与农村、东部与西部发展差距较大，全面建成小康社会，全面建设社会主义现代化，大头、重头在"三农"，最突出的短板也在"三农"。农业农村农民问题是关系国计民生的根本性问题，必须始终把解决好"三农"问题作为全党工作的重中之重。把农业农村优先发展落到实处，做到干部配备上优先考虑，要素保障上优先满足，资金投入上优先保障，公共服务上优先安排。充分发挥新型工业化、城镇化、信息化对乡村振兴的辐射带动作用，加快农业农村现代化。深入推进以人为核心的新型城镇化，促进农村劳动力的转移和转移人口的市民化。积极引导和支持资源要素向"三农"流动，在继续加大财政投入的同时，鼓励更多的企业"上山下乡"，推动更多的金融资源向农业农村倾斜，支持更多人才到农村广阔天地创业创新。进一步统筹城乡基础设施和公共服务，加大对农

村道路、水利、电力、通信等设施的建设力度，加快发展农村社会事业，推进城乡基本公共服务均等化。

加强和改善党对"三农"工作的领导，提高新时代全面推进乡村振兴的能力和水平。完善党委统一领导、政府负责、党委农村工作部门统筹协调的领导体制，实行中央统筹、省负总责、市县抓落实、乡村组织实施的工作机制。坚持党政"一把手"是第一责任人，五级书记抓乡村振兴，其中，县委书记尤其要当好乡村振兴的"一线总指挥"。各有关部门要结合自身职能定位，确定工作重点，细化政策举措，分解落实责任，切实改进作风，不断提升服务"三农"的本领。

二、坚持"五位一体"有机统一，协调推进乡村全面振兴

要从国情农情出发，顺应亿万农民对美好生活的向往，坚持把农村的经济建设、政治建设、文化建设、社会建设、生态文明建设，作为一个有机整体，统筹协调推进，促进农业全面升级、农村全面进步、农民全面发展。坚持以产业兴旺为重点、生态宜居为关键、乡风文明为保障、治理有效为基础、生活富裕为根本，书写好实施乡村振兴这篇大文章。

推进乡村产业振兴，紧紧围绕建设现代农业和农村一二三产业融合发展，深化农业供给侧结构性改革，坚持质量兴农、绿色发展，确保国家粮食安全，调整优化农业结构，构建乡村产业体系，提高农业的创新力和竞争力，实现乡村产业兴旺、生活富裕。

推进乡村人才振兴，加快培育新型农业经营主体，激励各类人才到农村广阔天地施展才华、大显身手，让愿意留在乡村搞建设的人留得安心，让愿意"上山下乡"到农村创业创新的人更有信心，打造强大的人才队伍，强化乡村振兴人才支撑。

推进乡村文化振兴，以社会主义核心价值观为引领，加强农村思想道德建设

和公共文化建设，深入挖掘优秀农耕文化内涵，培育乡土文化人才，推动形成文明乡风、良好家风、淳朴民风，更好地展示农民的良好精神风貌，提高乡村社会文明程度，焕发乡村文明新气象。

推进乡村生态振兴，加强农村生态文明建设和环境保护，综合治理农村突出的环境问题，扎实推进农村"厕所革命"和垃圾分类，完善农业生活设施，倡导绿色生产和生活方式，以优良生态支撑乡村振兴，让农村成为安居乐业的美丽家园。

推进乡村组织振兴，加强以党组织为核心的村级组织建设，打造坚强的农村基层党组织，培养优秀的农村党组织书记，深化村民自治、法治、德治，发展农民合作经济组织，增强村级集体经济实力，为实施乡村振兴战略提供保障。

三、尊重农民首创精神，充分调动主体积极性

中国农民历来以勤劳、智慧著称于世，在历史长河中创造了许许多多可歌可泣的辉煌业绩。中华人民共和国成立以来，我国农民在实践中探索了"大包干"、发展乡镇企业、建农民新城、农家乐旅游等成功做法，经党和政府总结、提升、扶持、推广，转化为促进生产力发展和农民增收致富的巨大能量。尊重农民首创精神，鼓励农民大胆探索，是党的群众路线的生动体现，也是实践证明行之有效、理当继续坚持的原则要求。在推进乡村振兴的过程中，必须认清农民主体地位，尊重农民创造，鼓励基层创新，充分调动各个方面特别是广大农民的积极性、创造性，汇聚支农助农兴农的力量。

长期稳定农村基本政策。稳定农村政策，就能稳定农民人心。坚持以家庭承包经营为基础、统分结合的双层经营制度，长期稳定土地承包关系，实行土地所有权、承包权、经营权"三权"分置，促进土地合理流转，发展适度规模经营。坚持劳动所得为主和按生产要素分配相结合，鼓励农民通过诚实劳动、合法经营和加大资本、技术投入等方式富起来，倡导先富帮助和带动后富，实现共同富

裕。在保护粮食生产能力的同时，积极发展多种经营，推动农业农村经济结构调整等。这些基本政策符合农民的利益和愿望，有利于调动亿万农民的积极性，保护和发展农村生产力。

鼓励农民的实践创造。邓小平同志曾指出，农村搞家庭联产承包，这个发明权是农民的。乡镇企业也是基层农业单位和农民自己创造的。普通农民变为农业生产者、农民打工者、进城经商者、经营管理者、民营企业家，魔术般的角色转换中蕴含着农民的智慧和创造。尊重农民、支持探索、鼓励创造，就能找到解决"三农"问题的有效办法，就会更好地加强和改进党对"三农"工作的领导。

尊重农民的生产经营自主权。在市场经济条件下，农户作为独立的经营主体和自负盈亏的风险承担者，其生产经营的自主权理当受到尊重。支持农民根据市场需要和个人意愿，选择生产项目和经营方式，实现生产要素跨区域的合理流动；政府侧重于规划引导、政策指导和提供信息、科技、营销等服务，创造良好的生产条件和公平有序的市场环境。

维护农民的物质利益和民主权利。在经济上切实维护农民的物质利益，在政治上充分保障农民的民主权利，是保护和调动农民积极性的两个方面。要坚持"多予、少取、放活"的方针，加快发展现代农业和农村经济，大力提升农村基础设施和公共服务水平，推进农村基层民主建设和村务公开，不断增强乡村治理能力，从而让农民真正得实惠，激发其作为主体投身乡村振兴的积极性和创造性。

第三节　乡村振兴的统筹与规划

一、坚持以农为本

实施乡村振兴战略，是"以人民为中心"的发展思想在"三农"工作中生动而充分的体现，其最终目的是农业更好地发展、农村更快地进步、农民更多地受益，满足亿万农民对美好生活的向往，也使我们国家的现代化更平衡、更充分地发展。推进乡村振兴，必须以农业农村农民的全面发展为根本出发点和落脚点。

走质量兴农、绿色发展之路，加快建设现代农业。以供给侧结构性改革为主线，推进农业由增产导向转向提质导向，构建现代农业产业体系、生产体系、经营体系，着力提高农业经济效益和竞争力。优化农业生产和农产品结构，顺应市场需求，发展品质优良、特色鲜明、绿色安全、附加值高的优势农产品，提升精深加工水平，加快实现农业的绿色化、标准化、品牌化。

持续增加农民收入，保护农民的合法权益。更加全面审视和评估乡村的价值，更好地发挥农业农村的生产、生活、生态和文化多重功能，让农业"接二连三"，促进农产品转化增值，挖掘农业增收潜力。大力发展农村二、三产业，实现乡村经济多元化，增加农民创业收入。加强对农民就业的指导和服务，完善城乡一体化的劳动力市场，拓展农村劳动力转移和增加工资性收入的新空间。维护农民土地承包等权益，明晰集体资产权能，积极发展农村合作经济，促进资源变资产、资金变股金、农民变股东，增加农民财产性收入。

完善农村基础设施，提升公共服务水平。加快补上农村交通、电力、通信、水利、供排水等基础设施的短板，实现城乡互联互通，为广大乡村宜业、宜居、宜游创造有利条件。破除城乡之间要素流动的障碍，促进城市资金、技术、信息、人才等各种要素涌向乡村广阔天地。努力缩小城乡在教育、卫生、文化、体育等社会事业上的差距，不断完善农村社会保障体系，着力提升农村公共服务的供给能力和水平。

与此同时，还要在繁荣农村文化，塑造文明乡风，提升乡村治理能力，加快建构自治、法治、德治相结合的乡村治理体系，实施精准扶贫，打好脱贫攻坚战，加强农村公共安全体系建设等方面持续发力，久久为功，不断取得成效，推动"三农"全面发展。

二、坚持统筹规划

乡村振兴是一项综合性强、涉及面广、时空跨度大的系统工程，必须高度重视统筹规划，把好的理念、思路转化为规划文本，进而作为具体实施的指导和参照，以达到有力、有序、有效推进的目的。在规划编制过程中，要特别注重以下几个方面。

注重各项内容的综合。乡村振兴要围绕农村经济建设、政治建设、文化建设、社会建设、生态文明建设和党的建设，按照产业兴旺、生态宜居、乡风文明、治理有效、生活富裕的总要求，全面推动乡村产业振兴、人才振兴、文化振兴、生态振兴、组织振兴，把党和国家对解决"三农"问题、推进农业农村现代化的各项要求充分体现到规划内容中，明确落实到实际举措上。

注重各类规划的集合。坚持"多规合一"，把乡村振兴规划与经济社会发展规划、主体功能区规划、城乡建设布局规划、土地利用规划、生态建设和环境保护规划、农村基础设施和公共服务发展规划、城乡社会保障建设规划等相关规划紧密结合，加强相互间有机衔接，做到不漏项、不矛盾、不冲突，促进各方面政策、资金、力量等向乡村振兴战略倾斜和集中。

注重各种资源的聚合。土地、资金、劳动力是生产力发展最基本的资源要素，在推进乡村振兴时，尤其是统筹规划中应当予以高度重视。结合我国国情农情和各地实际，对森林、水、草原、生物、海洋等资源的科学保护和合理利用，对互联网、大数据、人工智能等现代科技手段的运用，都理当被列入规划研究和编制的范围。

注重各方力量的整合。乡村振兴涉及组织、宣传、政法、发改、农业、林业、水利、国土、海洋、交通、电力、通信、建设、环保、科技、民政、旅游、教育、文化、卫生、体育、社会保障等多个部门的方方面面，可以说，我们党和政府设置的机构几乎都与之相关。同时，政府、企业、社会各方力量和广大农民的协同联动，可以汇聚起推进乡村振兴的巨大能量，这些在规划的编制和实施中都要切实得到体现。

三、坚持融合发展

实施乡村振兴战略，必须始终贯穿融合发展的理念和要求，加快构建城乡、"三农""三产"融合发展的体制机制和政策体系，实现乡村振兴大融合。

突出都市城镇乡村的融合。大、中、小城市与小城镇、乡村协调发展，是中国特色城镇化与乡村振兴互促互进、共生共存的应有之义。当前，城市的基础设施条件和公共服务水平明显优于乡村，在城乡要素的合理流动、公共设施的互联互通、资源配置的均衡共享等方面存在不少问题，需要我们着力去解决。要统筹考虑都市、城镇和乡村的建设与发展，协调推进城乡一体化，坚持以城带乡、工农互促、全面整合，重塑城乡关系，走城乡融合发展之路。

突出农业农村农民融合。乡村振兴是农村产业、人才、文化、生态、组织的全面振兴，是新时代统筹推进"三农"工作的总抓手。必须坚持以农业为主业、农民为基础，把增进农民福祉作为出发点和落脚点，把产业、村庄、农民、资源要素等全面而精准地聚合起来，加强统筹规划，注重有机衔接，让农业产业、龙头企业、产地市场、农技服务和村庄建设等融为一体，真正做到规划布局美、生态环境优、公共服务强、"三农"结合紧、百姓收益多。

突出一产二产三产融合。产业兴旺不光要推动种养业的发展，更要推进农业生产与农产品加工、乡村旅游、电子商务、文化创意、健康养生等产业和业态的互动，推进一二三产业的深度融合。在继续加强和优化提升种养业的基础上，发展精深加工、营销服务、休闲观光、创意农业等，把产业链拉长做宽。顺应"互联网+"的趋势，依托农业主导产业和优势特色产品，大力运用先进的科技手段，培育新业态、新经济。如以产加销有机衔接为基础，完善产业链，提升价值链，发展农业全产业链经济；以农家乐、乡村旅游、自然生态养生、农耕文化体验、特色农产品展销等为主要内容，发展乡村美丽经济；以农资供应、农机作业、科技和信息化服务、农村电子商务等为重点，发展乡村社会化服务经济。

突出生产生活生态融合。农业的基本属性是生产，又兼具多种功能。要以生产功能为基础，充分展现农业的生态生活功能，传承和挖掘乡村资源优势，培育壮大新产业，使农业不仅提供物化产品，而且同时产出生态产品、健康产品、文化产品。立足资源禀赋，发展设施立体农业、循环农业、创意农业，做大做强特色优势产业，提高土地综合产出率。加强"美丽山水+美丽村庄+美丽田园+美丽庭院"全美系列建设，让农业成为美丽产业，让田野成为亮丽的风景，让农民成为令人羡慕的职业，让农村成为舒心的家园，让整个乡村成为心旷神怡的大花园。

四、坚持因地制宜

我国地域广阔，村情千差万别，农耕历史悠久，农业文明灿烂。各地区各民族在历史长河中孕育和发展起来的特色产业、村寨建筑、村规民约、礼仪习俗等，丰富多彩，精彩纷呈。东部中部西部，自然环境各有不同；南方中原北疆，人文景观风姿独特；山区平原海岛，民风习俗差异明显。在实施乡村振兴战略、推进城乡融合发展过程中，必须从各地实际出发，精准认识和把握当地的历史、文化、民俗等，在坚持乡村建设一般规律的同时，充分尊重不同地方、不同民族和不同发展水平的特殊性，因地制宜，因村制宜，把乡村振兴这篇大文章书写好。

村庄是农民的根基，也是区域特色、人文内涵的积淀和展示。随着工业化、城镇化的发展，许多村庄面临新的变化要求。要按不同村庄的现实条件和发展趋势，分门别类采取不同的举措。对大多数农村而言，要尊重历史风貌和农民意愿，开展村庄整治和建设，治理"脏乱差"，搞好绿化、洁化、美化，使村庄农舍与自然山水、人文景观融为一体，相得益彰。对一些位于大城市核心区的"城中村"和重大建设项目推进中涉及的村庄，就不宜再花很多资金和精力去建设新农村，而应该在统筹规划下加速城镇化、市民化过程。对那些具有鲜明历史印记和文脉特征的传统村落、古老建筑，则要加大保护和修复的力度，并予以合理的利用。对于少数地处高山深山远山、生态敏感而脆弱、基础设施条件差的村庄，可采用移民搬迁、异地安置的办法，鼓励下山脱贫，改善生产生活条件。有的村资源不足、基础薄弱、发展潜力有限，要引导接受周边强村强企的辐射带动；也可在充分征求村民意愿的前提下，实施成建制的村庄、村民自愿组合，以更好地保护和利用资源，加快实现共同富裕。

总之，要充分尊重自然条件、历史人文、村寨风貌和百姓意愿，从客观实际出发，把整治的强度、建设的力度、推进的速度与财力的承受度和农民的接受度结合起来，不搞"一刀切"，不搞层层加码，切忌行政命令，杜绝"形象工程"，既尽力而为，又量力而行，注重引导激励和示范带动，扎实推进乡村振兴战略的实施。

五、坚持改革创新

我国对"三农"道路的探索过程，本身就是中国共产党带领亿万农民不断改革创新的过程。新时代依然需要发挥改革创新精神，勇于探索，大胆实践，在中国特色乡村振兴道路上不断开拓前进，重点要在以下几个方面实现创新和突破。

创新生产要素集聚机制。发展现代农业需要集聚基本的生产资料，这是促进农业农村经济向规模化、集约化、专业化迈进的前提条件。要坚持土地承包关系长久不变，做好农村土地承包经营权确权登记。在尊重农民意愿的基础上健全土地流转机制，推动农村土地适度规模经营，鼓励采用委托流转、股份合作、土地入股等方式连片集中流转，提高土地流转质量和利用效率。引导金融资金投向"三农"，深化银农合作，创新服务方式，发展农业政策性保险，进一步提升为农服务的水平。加大政府财政性资金向"三农"的倾斜力度，吸引社会资本多元化投入。进一步优化农业农村人才培养机制，引导和鼓励更多的创业创新人才投身乡村振兴事业，在广阔天地里长才干、得收益、做贡献。

创新农业主体培育机制。新型农业经营主体是发展现代农业的骨干力量，也是推进乡村振兴的人才支撑。要在继续重视专业大户培育的基础上，鼓励兴办家庭农场，提高生产经营水平。多措并举推动农业专业合作社提升发展，积极引导种养大户和家庭农场加入农民专业合作社，提升组织化程度和合作化水平。引导和扶持带动力强的农业龙头企业，通过品牌嫁接、资本运作、产业延伸等途径实行联合或重组，培育一批产业分工协作、相互联系紧密的农业企业集群。鼓励发展"龙头企业+专业合作社+家庭农场+农户"等模式，实现生产经营主体与小农户的联结。加快构建新型农业社会化服务体系，开展现代农业产前、产中、产后全程服务。围绕产业链来建设服务设施和服务组织，重点推进新品种、新技术、新机具的应用，做好农资供应、作业服务、饲料配送和动植物诊疗、农产品质量控制、农业设施改造提升等服务，推动营销平台、品牌创树、信息服务、物流配送等能力建设，引导和鼓励各类人才特别是"农创客"为现代农业发展提供社会化服务。

创新集体产权管理机制。农村集体资金资产资源是目前农民最大的公共财产，是影响农村社会和谐稳定的重点领域。要以确保农村集体财产的保值增值安全运营为目标，深入推进农村集体"三资"管理规范化建设，着力提升管理水平。全面创建农村集体"三资"管理规范化的县、乡镇，不断巩固和拓展创建成果。村级集体经济既是增强农村基层组织服务能力的重要保障，也是增加农民集体财产性收入的来源之一。因地制宜引导和支持农村集体经济进一步发展壮大，切实增加村集体可分配收益，为发展农村社会公益事业和促进农民持续增收打造新增长点。重视、加强对集体经济薄弱村的指导和扶持，努力增强为农民服务的实力。坚持实行减轻农民负担"一票否决制"、涉及价格和收费"公示制"、村级组织公费订阅报刊"限额制"等制度，巩固农村税费改革后农民减负的成果，切实维护农民合法权益。

创新公共资源配置机制。在深化农村征地制度改革、完善征地补偿机制、提高补偿水平的基础上，探索建立城乡统一的建设用地市场，推进农村集体建设用地使用权的流转，允许农村集体经济组织和农民参与城镇建设规划区外占用农村集体用地的非公益性项目开发经营。加强对农地的用途管制，综合运用法律、经济等手段，遏制非农化、非粮化倾向。积极稳妥地推进户籍管理制度改革，加快建立以合法稳定住所或稳定职业为户口迁移条件、以经常居住地为户口登记基本形式的城乡统一的户籍管理制度，推动加快建立农民转得出、进得去、回得来的户籍管理制度。推进城乡公共服务保障一体化，解决农民社保、医保等城乡二元化问题，畅通"农保"向"城保"转换的通道。加快解决公共服务上的"城高乡低"问题，既使城乡居民平等享有大体上相同水平的基本公共服务，又使居民在城乡间迁移时公共服务能得到同步转换，为最终真正实现城乡一体、共建共享的基本公共服务创造条件。

六、坚持共建共享

实施乡村振兴战略，是党的重大战略部署，是党的意志的集中体现，也是广大人民群众建设美好家园的迫切要求。必须坚持以人民为中心，集聚各方力量，汇聚乡村振兴的强大合力，围绕农民群众最关心、最直接、最现实的利益问题，抓重点、补短板、强弱项，把乡村建设成为幸福、美丽、和谐的家园。

党政主导。乡村振兴是一项庞大的系统工作，既涉及重大法律政策制度安排，也涉及农村基本建设和各项事业发展。只有坚持党政主导，充分体现党的主张，才能保持工作协调性，推动乡村振兴美好愿景如期实现。进一步发挥好党领导"三农"工作这一政治优势，扛起为农民谋幸福的重要使命。切实强化党政在乡村振兴中的战略谋划、政策运用等方面的主导作用。研究制定乡村振兴规划，完善地方性政策和制度体系，强化制度供给和公共服务，确保各项事业有力推进。乡村振兴涉及方方面面，任务繁重、工作艰巨，要坚持各部门协调联动、各工作统筹推进，形成齐抓共管的合力。

农民主体。实施乡村振兴，旨在为了农民，更要依靠农民。乡村振兴干什么、怎么干，需要把农民群众的内生动力充分激发出来，让农民群众切身感受发展带来的长远实惠，从而在情感上有认同感，在利益上有获得感，夯实乡村振兴最广泛的群众基础。尊重农民群众的自主意愿，既不盲目替代决策，又做好教育引导工作。特别是在事关农民群众切身利益的事项如农业产业发展、农村社会治理上，尊重农民的主体地位，让其有充分的话语权和表达利益诉求的机会。通过积极引导，促使其树立起农业绿色发展的意识，用产业的思维去改造传统生产方式，用商业的思维去提高农产品价值，用共享的思维去开展生产合作。走中国特色的乡村善治路子，有序实现自我管理、自我教育、自我服务。激发广大农民参与乡村建设的主体意识，在乡村振兴规划、农村人居环境改造、经济发展和社会建设等方面，广泛征求意见建议，使农民群众保持更大的热情和干劲，真正成为乡村振兴的衷心拥护者、积极践行者和实惠受益者。

社会参与。乡村振兴，客观上需要投入众多的资源要素。广泛引导社会资本投入农业农村，发展现代种养业、农村服务业、农产品加工业、农村电商以及乡村旅游等产业，充分发挥企业的资本、经营、人才等优势，创新企业与村民之间的利益联结和分享机制。鼓励金融资本流向农业农村，增加金融信贷和政策性保险产品，完善服务方式和运行机制，有效支持乡村振兴。引导农民工返乡、大学生回乡、城市能人下乡，高质量发展农业和农村二、三产业，推进大众创业、万众创新。广大乡贤是吸纳要素、塑造乡风、倡导文明的重要力量，要不断壮大乡贤队伍，营造崇德尚贤的良好氛围，激发乡贤投身于家乡建设的情怀，为乡村振兴集聚资源和强大精神动力。强化政策支持、法律保护和制度供给，打造宜居、宜业、宜游的美丽乡村，更好地为社会力量参与乡村振兴创造条件。

建强组织。村级党组织是党组织体系的"神经末梢"，对于贯彻落实党的路线、方针、政策，有效开展农村治理和乡村振兴意义重大。坚持把政治建设摆在首位，强化农村基层党组织在乡村治理体系中的领导核心作用，充分发挥党员的示范带动作用，突出抓好党建，促进乡村振兴。积极探索农村基层党组织建设的有效路径，选好配强基层党组织书记，鼓励村党组织书记依法选举担任村经济合作社董事长，加强村党组织对集体经济的领导权。多形式发展壮大农村集体经济，大力推进薄弱村转化，增强村级集体经济"造血"功能，保障村级组织正常运转，夯实党在农村的执政基础。创新村民自治的有效实现形式，完善村民代表会议制度，规范村级组织议事决策程序，形成民事民议、民事民办、民事民管的基层协商格局。

第二章　城乡一体化融合发展

　　城市与乡村是相互依存、相互融合、互促共荣的有机整体，乡村发展离不开城市的辐射和带动，城市的发展也离不开乡村的促进和支持。党的十九大报告指出，建立健全城乡融合发展体制机制和政策体系，加快推进农业农村现代化。推进新型工业化、信息化、城镇化和农业现代化同步发展，推动城乡空间、要素、产业、居民、社会和生态融合，以城乡融合发展来解决"三农"问题和城乡发展差距问题，实现城乡共建共享共荣，城市与乡村、工业与农业、市民与农民相协调、相促进、相融合，是实现全面小康和全面现代化的重要前提和必然要求。

第一节　城乡一体化融合发展

一、以新型工业化带动农业产业化

　　新型工业化要求高科技、高效益、低能耗、低污染，是提高资源利用效率和产业核心竞争力的有效方法。根据新型工业化、信息化、城镇化、农业现代化"四化"同步的发展思路，将工业化经营理念引入农业产业经营中，可以大大加速农村产业结构调整的步伐，使农业生产向工业化、集约化、规模化发展，进而提高农业的土地产出率和产业经济效益，延长农业产业的效益链条，促进一二三产业融合发展。我国农业已进入以高投入促进高效益的发展阶段，新型工业化的经营理念对提高农业的劳动生产率和市场竞争力，特别是形成以工促农的格局尤为关键。要用新型工业化思维谋划农业，推动分散的小农式经营转向标准化、集约化、优质化、品牌化经营，在更大范围内实现土地、资金、技术、劳力、设备等农业生产要素的优化配置。要用新型工业化手段经营农业，培育特色支柱产业，延伸农业产业链条，发展生态循环经济，形成一批特色鲜明、效益显著、环境友好的农业产业集群，提升产业和区域竞争力。要用新型工业化理念管理农业，将家庭经营与市场信息有机结合起来，从信息不对称的根源上化解市场不确定性，为农业产业化发展提供信息平台。

二、以新型城镇化推进城乡一体化

城镇化是"四化"融合发展的基础。新型城镇化是集城乡统筹、以人为本和生态和谐等理念于一体的城镇化，重点是着眼农民、涵盖农村，推动城乡基础设施一体化和公共服务均等化，从而实现城乡经济社会一体化发展。要运用新型城镇化的理念，按照统筹城乡发展的要求，不断加大以工补农、以城带乡的力度，加大对农业的支持和保护力度。通过城市二、三产业向农村拓展，促进现代农业产业体系的构建，提升农业效益和竞争能力。通过城市资源要素向农村倾斜、基础设施向农村延伸、公共服务向农村覆盖，加快形成以城带乡、城乡统筹的一体化发展格局。

三、以现代信息化引领农业技术创新

深入推进国家"互联网+"行动计划，促进信息化与工业化、农业现代化的深度融合。以信息化带动农业现代化，全面提升产业质量，促进农业可持续发展。利用信息化渗透力强、传递速度快等优势，依托电子政务、物联网、农业信息化和农产品电子商务等建设，加快农业科技进步和业态创新，为农业现代化和农村社会化服务提供支撑。根据农户需要和农村生产实际，将信息准确传递到千家万户和田间地头，使信息化成为农业农村科技服务的有效推动力。依靠高科技改造传统农业，用先进技术装备农业，充分发挥现代科技对农村经济发展的提质

增效作用。

第二节　构建城乡一体化新局面

一、推动大中小城市和小城镇协调发展

党的十九大报告提出，以城市群为主体构建大中小城市和小城镇协调发展的城镇格局，加快农业转移人口市民化。在中国新型城市化推进过程中，按规模大小和层次高低，可以划分为城市群、都市圈、市域网络化城市三个圈层。这三种形态并存发展，是一个有机整体。其中，城市群是主体形态，都市圈是发展重点，市域网络化城市是坚实基础。在城市群、都市圈、市域网络化城市发展中，要科学定位大、中、小城市和小城镇的各自功能，推动人口、资源要素由大城市向周边中、小城市和小城镇有序转移，提升中、小城市和小城镇的资源聚集能力、特色发展能力，协同打造优良的生产、生活和生态环境。大、中、小城市和小城镇协调发展，有利于更好地吸纳和转移农村富余劳动力，促进城乡资源要素的双向流动与合理配置，激活乡村内在发展动力，进而带动和促进乡村振兴。

二、优化城乡发展空间布局

推进城乡融合发展，要构筑城乡融合的空间形态和发展格局，推动公共资源要素在城市群、大城市、中小城市、小城镇、乡村等区域空间形态上的优化配置。以大城市带动中小城市和小城镇，以中小城市、小城镇疏解承接大城市功能，着力培育中小城市和小城镇的自身造血功能，让不同资源条件、能力的农业人口就近就地城镇化，构建布局合理、功能互补、梯次有序、疏密有度的城乡空间发展格局，充分发挥新型城镇化对乡村振兴和农业农村现代化的带动作用。既要引导务工经商的农民向城市集聚，加快农业人口市民化的进程；又要鼓励城市

的人才、资本"上山下乡",在资源与要素的流动上打破城乡区隔,实现新型城镇化与乡村振兴的互促共进。

三、促进城乡规划融合

编制城乡一体化发展规划、完善城乡规划功能布局,是推动城乡融合发展的重要手段。要积极推动多规融合,完善城乡全域规划。统筹考虑人口分布、产业布局、设施建设等,加快建立城乡规划"一套图"制度,加强空间布局规划、土地利用规划、基础设施建设规划的相互衔接,用"一张图"管控生产生活生态区域空间。特别要综合考虑县域内城乡人口迁移变化、产业发展需求、土地集约利用、生态环境保护、交通网络组织及各种资源开发等因素,重构城乡空间体系,做到城乡发展相互协调、相互促进。要打破行政区划限制,改变规划上的城乡分割和各自为政状况,避免重复建设,为城乡融合发展创造条件。

着力完善乡村规划,注重村庄总体布局。不少地方虽然编制了村庄规划,但往往没有把乡村的自然条件、资源禀赋、经济水平、文化差异放在镇域、县域乃至市域的格局中考察并合理定位,从而影响了规划的严肃性和执行力。乡村规划建设要顺应发展趋势,与产业培育、就业容量、人口增减等因素衔接起来,坚持因地制宜,注重村庄与城镇之间的联系,统筹、优化城乡空间和结构,构建起"城镇—中心村—一般村"的布局。同时,要加强村庄风貌管控,留住当地特有的地域环境、文化特色、建筑风格等"基因",不搞"千村一面",形成别有风味的乡村风貌,推动村庄朝着特色、精致、美丽的方向发展。

四、探索城乡融合发展的平台载体

作为城镇体系中的重要节点,小城镇是连接城乡的桥梁和纽带,是促进城乡综合发展的重要载体。要按照城镇功能要求建设基础设施,引进城市的教育、文化、医疗等优质公共服务,提高小城镇繁荣与文明程度,促进城乡基本公共服务均等化。以乡村优势资源为基础发展特色产业，积极培育以农业产业化、农村工业化和要素市场化为特征的产业集聚机制，以生态优势、资源优势、成本优势吸引各类投资主体，与城市大企业分工协作、共享市场，推进城乡产业融合发展，提升乡村经济发展质量。

第三节　加强城乡基础设施相互利用

一、改善农业基础设施

加强农业基础设施建设是推动农村经济发展、促进农业和农村现代化的重要条件。要大力推进农田水利标准化建设，增加公共财政对农田水利建设的投入，推进工程项目建设，全面提升农田水利建设水平。加强高标准农田建设，将标准农田、粮食生产功能区等建成的优质耕地，优先划为永久基本农田，确保永久基本农田数量不减少、质量有提高。全面提高农业装备水平，加快农业"机器换人"，加大对新机具、新产品及专用型农机具的研发、引进和示范推广，促进农机装备向自动化、智能化、智慧型方向发展。推进农业"设施增地"，鼓励农业生产主体因地制宜发展钢架大棚、玻璃温室等设施，应用立体栽植、多层养殖、控温控湿等技术装备和园艺方式，提高水、土、肥的利用率。

二、推进乡村电力、信息和物流网络建设

持续加大农村电力、信息网络基础设施建设力度，推进城乡之间电力信息网络的互联互通，全面提升农村电力和信息服务水平。按照"适度超前谋划、一步到位实施"的思路，实施新一轮乡村电网改造升级，进一步提升乡村电网供电能力，促进配电网智能化，着力解决城乡配电网发展薄弱问题。坚持"安全可靠、绿色智能、和谐友好、优质高效"的要求，改造、提升农村电网，全面消除与主

网联系薄弱的县域电网和"低压电"农村用户。

落实互联互通、全域覆盖的要求，大力推进光纤、有线电视等农村信息基础设施建设，实现光纤网络建制村全覆盖、4G 网络主要建制村基本覆盖。进一步扩大光纤网、宽带网在农村的有效覆盖，建立较为完善的农村综合信息服务体系，不断缩小城乡"数字鸿沟"，满足农村家庭多样化信息服务的带宽需求。探索建成现代农业地理信息系统、农业信息网、网上农博会等一批互联网信息平台，努力普及农村微信、农技通 App 等移动互联网应用。

加快建设乡村电商服务体系和农村电子商务产业发展平台，实现快递网点在乡村全覆盖。推动邮政系统按照"足不出村、服务到家"的要求，扩大村邮站等基层物流体系建设，积极推进快递向下延伸，逐步实现乡镇邮政局和建制村邮站全覆盖。加快拓展村邮站功能，开展送报、送信、送邮件、代收代缴电费、电话费充值、代理汇款取款、代售机票车票彩票和农产品购销等便民服务。

三、强化乡村社会事业

依据人口的空间布局，优化配置乡村教育、卫生、文化、体育等设施，提高农村社会事业发展水平。加强薄弱地区学校建设，持续推进义务教育标准化建设，加快提升农村基本办学条件和教育质量。深化县域医疗服务一体化发展，推进乡镇卫生院（社区卫生服务中心）标准化、规范化建设，实现村级医疗卫生服务全覆盖。因地制宜加强农村文化设施建设，重视历史文化村落保护和利用。积极建设便民利民、形式多样的农村体育设施，如全民健身中心、健身广场、体育休闲公园等。以养老服务照料中心、居家养老服务站、老年食堂等养老福利设施建设为重点，健全以居家为基础、社区为依托、机构为支撑的养老服务设施。

四、实现城乡交通联动发展

以建设好、管理好、养护好、运营好农村公路为重点，全力推进农村交通设施建设，提高城乡交通一体化水平。加快建好农村路，提升农村公路技术等级，进行农村公路大、中修，实施安保工程，建设港湾式停靠站，提升四级以下公路，着力消除等外路、打通"断头路"、改造"瓶颈路"，完善重要路段安保设施（含危桥改造），全面打造安全、便捷、畅通的美丽乡村公路。努力管好农村路，深化农村公路管养体制改革创新，加大组织保障、资金保障、绩效考核力度，提高管治能力。聚焦护好农村路，以养护为重点，开展路况核测评定，合理加强公路养护，推进规范化、标准化、专业化，切实巩固农村公路建设成果。突出运营好农村路，努力实施"村村通客车"工程，创新运营组织模式，确保农村客运开得通、留得住、有效益。建设镇、村客运站，实现城市、中心镇和建制村之间客运有效衔接。建立县级物流中心、乡镇配送站、农村货运网点有机结合的物流服务体系，推动现代物流运输服务向乡村延伸。

第四节　增强乡村基本公共服务能力

一、统筹改善城乡基本公共服务

适应城乡发展的要求，研究制定适合本地区的基本公共服务规划，切实解决不同区域和不同人群之间的基本公共服务差距。加强基本公共服务对人口集聚和吸纳能力的支撑，使基本公共服务设施布局、供给规模与人口分布相适应，合理确定空间架构、资源配置、功能布局和项目建设。结合农业、工业、服务业等的产业布局规划，统筹考虑长期在城市就业、生活的农民工群体的基本公共服务需求，将农民工群体纳入城市公共服务体系，确定城乡基本公共服务的内容以及质量要求，明确统一城乡基本公共服务制度的实施路径和阶段任务。加大倾斜力度，鼓励和引导城市优质公共服务资源向农村延伸，提高城乡共享基本公共服务的能力和水平。

二、健全基本公共服务均等化推进机制

建立城乡统一的义务教育体制，进一步明确各级政府在农村义务教育方面的支出责任，加大公共财政投入，持续改善农村义务教育办学条件。协调推进城乡公共医疗卫生事业的发展，完善农村公共卫生经费保障机制，普及新型农村合作医疗制度，保障农民享有卫生保健和基本医疗服务。建立健全城乡可衔接的社会保障体系，尤其要妥善解决被征地农民和进城农民工的社会保障问题。着力推进农村"五保"供养、特困户救助等制度建设，积极探索建立符合农村特点的养老保障制度。加快城镇公共服务向农村覆盖，不断改善农民的生产生活条件。

在形成城乡一体化的基本公共服务政策体系基础上，积极创造条件加快城乡居民基本医疗、基本养老等的立法进程，与新型城镇化进程和户籍制度、农村产权制度等改革相配套。

三、创新公共服务供给方式

坚持政府主导，充分调动社会资源，逐步形成有序竞争和多元参与的基本公共服务供给机制，提高服务效率。充分利用债券、信贷等多种融资形式，拓宽基本公共服务资金来源。鼓励和引导社会资本投资建立非营利性公益服务机构，探索公共服务项目经营权转让机制和民间投资公共服务的财政资助机制，更多地采取"补需方"的方式，增强公民享受服务的选择权和灵活性。积极采取政府采购、合约出租、特许经营、政府参股等形式，扩大政府择优购买公共服务的规模。鼓励各种社会力量，特别是非政府组织参与公共产品的生产和服务，允许和鼓励私营企业生产及经营公共产品，以提升公共服务质量，强化公共产品生产和供给的竞争性，提高公共服务的运作效率和专业化水平。提供基本公共服务的民办机构，在设立条件、资质认定、职业资格与职称评定等方面与公办单位享有平等待遇。

第五节　完善城乡一体化的体制建设

一、加快户籍制度改革

健全城乡统一的户口登记制度，取消农业户口与非农业户口的性质区分和由此衍生的蓝印户口等户口类型，统一登记为居民户口，体现户籍制度的人口登记管理功能。与统一城乡户口登记制度相适应，建立教育、卫生健康、就业、社保、住房、土地及人口统计等制度。按照有序放开大城市落户限制的要求，立足现实和发展需要，合理确定大城市落户条件与政策。可建立统一的积分落户制度及按梯度享受基本公共服务的政策，即根据农民到大城市的就业年限、居住时间以及职业资格、技术水平、学历层次、岗位贡献等内容，设置积分指标体系、标准及奖惩办法，并根据其积分指标提供按梯度划分的基本公共服务，以引导其合理有序流动、集聚，分期分批到大城市落户，逐步享受同城同待遇的基本公共服务。

二、提升人口管理水平

探索建立"身份证+居住证+市民卡"的现代人口服务管理平台。要在创设新的待遇管理服务系统的前提下，取消现行户籍制度，剥离附加在户籍上的待遇，回归户籍制度登记和统计人口的本原功能。借鉴一些发达国家的做法，从我国实际出发修改《居民身份证法》，在居民身份证中存储指纹信息或其他生物学特征信息，完善居民身份证使用、查验制度，以公安人口信息为基础，融合人力资源和社会保障、工商、税务、统计等部门以及金融系统的相关信息资源，建立以居民身份证号码为唯一代码的国家人口基础信息库，健全实有人口动态管理机制，从而实现以身份证取代户口簿、由"管户"到"管人"、由人口静态管理到动态管理的历史性转变。积极探索由社保卡和居住证、临时居住证承担差别化管理，其中社保卡落实本地居民待遇，居住证和临时居住证落实以农民工为主的外来人口待遇。为了保证相关待遇的可转移、可接续，可以借助信息技术的发展，将身份证与社保卡功能联通、融合，实现社保卡在全国范围内的统一、规范。

三、完善城乡就业服务

健全城乡统一的劳动力市场和就业服务体系。转变培训方式，加快农村劳动力从普通务工者向有一技之长的"技工"转变。打破城乡、区域、行业分割和身份、性别歧视，维护劳动者的平等就业权利。建立覆盖城乡的公共信息服务平台，实现就业数据实时联网、资源共享。健全城乡统一的用工管理制度、合理的工薪增长机制和最低工资标准制度，完善农民工欠薪支付机制，切实维护城乡劳动者的合法权益。高度重视和大力支持灵活就业、新就业形态，提高农民充分就业水平。深入开展公益性岗位进村活动，切实解决低保户、低保边缘户和被征地农民、低收入农户等的就业困难问题。

四、增强社会保障能力

加快形成城乡一体、惠及全民、功能完备、保障有力的社会保障体系，推进社会保障从制度全覆盖向人群全覆盖转变。完善城乡居民基本养老保险制度，做实养老保险个人账户，实现基础养老金跨区域统筹。加快被征地农民养老保险与城镇养老保险相接轨，结合居民收入增长和物价上涨等因素稳步提高基础养老金。构建以基本医保为主体、大病保险为延伸、医疗救助为托底、社会慈善和商业保险等多种保障形式为补充，层层递进、功能互补、有机衔接的多层次全民医保体系。完善最低生活保障制度，逐步提高低保标准和补助水平，不断缩小城乡低保补助标准的差距，适当扩大低保人口的比率。大力推进保障性住房建设，让困难群众住有所居、居有所安。

第三章　乡村经营制度的发展

以家庭承包经营为基础、统分结合的双层经营体制（简称"家庭承包制"）是我国农村的基本经营制度，是党的农村政策的基石，是乡村振兴的制度基础。农村基本经营制度包括两层含义：一是农村土地属农村集体经济组织成员集体所有，既不是国家所有，更不是农民私有。二是农村集体的土地主要通过农民家庭承包来经营。一方面，家庭承包制的推行使农户成为独立的生产者，极大地调动了农民的生产积极性，带来了农业特别是粮食生产的大丰收，也将农民从土地上"解放"出来，为社会提供了大量的农村剩余劳动力，促进了农村甚至整个国民经济和社会的大发展。另一方面，我国总体上人多地少，客观上形成了农业的小规模经营，影响了农业生产经营微观主体的活力，在实践中，农村集体经济组织建设滞后、农村集体经济薄弱等，影响了为农服务体系的健全和为农服务能力的增强。因此，既要坚定不移地巩固家庭承包制，更要采取促进土地经营权流转、培育新型农业经营主体、加强为农服务体系建设、重建农村集体经济组织、大力发展村级集体经济等各种方法和措施来完善家庭承包制。

第一节　全面落实农村基本经营制度

实行以家庭承包经营为基础、统分结合的双层经营体制，是以公有制为基础、多种所有制共同发展的中国特色社会主义基本经济制度的客观要求，是由农业生产的特点和生产力水平决定的，也是世界各国农业发展的共同经验，更是我国农业发展正反两方面实践得出的基本结论。

一、实行以家庭承包为基础的土地承包制

在人民公社体制下，农民没有生产经营自主权，农民的劳动付出与土地的产出无法直接挂钩而导致"大锅饭"、内部监督费用高的问题，阻碍了农业生产力的发展。在各地普遍实行包产到户、包干到户的基础上，1983 年，中央一号文件《当前农村经济政策的若干问题》提出，要对人民公社体制进行改革：一是实行生产责任制，特别是联产承包责任制；二是实行政社分设。至此，人民公社体制解体，取而代之的是以土地承包经营为核心的家庭联产承包经营责任制。

2002 年 8 月，全国人大常委会颁布了《中华人民共和国农村土地承包法》，至此，我国集体所有制前提下的家庭承包制制度完全确立，并成为农村的基本经营制度、党的农村政策的基石。随后，全国各地根据《农村土地承包法》的规定，对一些不符合法律规定的做法进行了完善。

党的十九大提出，第二轮土地承包到期后再延长 30 年。这是保持土地承包关系长久不变的重大举措，顺应了亿万农民保留土地承包权、流转土地经营权的期待，给农民吃下了长效的"定心丸"，进一步夯实了实施乡村振兴战略的制度基础。

二、土地承包方式及其保护

《农村土地承包法》规定，农村集体土地承包的当事人、合同期限、权利和义务都由国家法律规定。承包方式主要有家庭承包和其他方式承包两种。家庭承包方式主要针对耕地、草地和山林，发包方是村集体经济组织（一些集体经济组织建设不健全的地方由村民委员会代行发包方职责），坚持以家庭为单元、户户平等承包的原则。承包方限于本集体经济组织内的农户，其他集体经济组织的农户或人员不得承包。每一个农户根据家庭人口、劳动力数量、土地级差等情况承包数量、地块不一的土地。第一轮的承包期限为 15 年，第二轮的承包期限，耕地为 30 年，草地为 30—50 年，林地为 30—70 年。

其他承包方式主要针对村内除耕地、林地、草地外的其他面积不大的土地，如果园、茶园、鱼塘或者荒山、荒地、荒滩、荒溪等，实践中也叫专业承包。其他承包方式坚持效率优先、兼顾公平的原则，一般采用招标、拍卖、公开协商来确定承包对象，一般谁出的承包费多就由谁来承包。承包对象不一定局限于本集体经济组织内的人，但在同等条件下，本集体经济组织内的人优先承包。承包期可长可短，比较灵活。

土地承包经营权的保护。国家法律和政策对农民的土地承包经营权实行严格保护。一是坚持农村土地的集体所有制不动摇。习近平总书记多次强调，不管怎么改，都不能把农村土地集体所有制改垮了。不得否定农村土地的集体所有制，不得平调不同集体所有的土地实行平均承包，不得买卖农村集体土地。二是在承包期内，发包方不得收回农民的承包地、不得调整农民的承包地、不得因承办人或负责人变动或集体经济组织分立合并而变更或解除承包合同。三是采取不同方式解决土地承包纠纷。可以由双方当事人协商解决，可以请求村委会、乡镇政府调解，可以向法院直接起诉，可以向市、县（市、区）土地承包仲裁机构申请仲裁。

三、推进"三权"分置改革

习近平总书记指出，土地所有权、承包权、经营权"三权"分置是重大制度创新和理论创新，要在依法保护集体土地所有权和农户承包权前提下，平等保护土地经营权，理顺"三权"关系。

完善承包地"三权"分置制度。农村集体土地权益是个"集合"，基本权利就是所有权、承包权、经营权，所有权是物权，承包权是用益物权，经营权是债权。这"三权"既可合而为一，也可分而实施。推进"三权"分置就是要明晰所有权、稳定承包权、搞活经营权，目的是让农民的土地权益保护更加充分，土地使用更加高效。实行家庭承包制实现了土地所有权和承包经营权的分离，但承包经营权并没有进一步实现分离。完善承包地"三权"分置，明晰所有权是前提，要对不同的集体土地颁发农村集体土地所有权证，规定征收农村集体所有土地的条件、程序及补偿办法和标准。稳定承包权是关键，拥有土地承包权是农民家庭的"天然"权利，土地对农民而言既是生产资料又是生活资料，拥有了承包权，进一步可进城经商务工，退一步可生产生活，对农村的稳定和乡村振兴具有特别重要的意义，不能以各种理由剥夺农民的土地承包权。搞活经营权是目的，让土地经营权在市场配置下与其他要素结合发挥更好的效益。

开展土地确权登记颁证。历经二轮土地承包后，虽然家庭承包制在农村得到普遍推行，广大农民也都领到了土地承包经营权证，但由于家庭承包制是在缴纳农业税、联系土地产量等情况下推行的，实际上存在承包地四至不清、承包面积不准、承包权证登记的面积与实际面积不符等情况。开展确权登记颁证的重点就是要解决这些问题，并且为二轮承包到期后再延长 30 年打下坚实基础。首先是要由专业人员借用 GPS 等定位仪器精准确定承包地的四至位置和面积。其次是与农户确定实际面积，得到农户的普遍认可。最后是重新换发新的土地承包经营权证，并对权证实行信息化管理，将此作为保护农民土地承包权的依据，进一步提高土地承包管理的水平。

搞活土地经营权权能。对家庭承包方式的承包土地，重点是实行土地承包权与经营权的再分离，获得土地经营权的"债权"权利。获得经营权的个人与组织可以向有关部门申请并进行登记，后由有关部门颁发土地经营权证。通过其他承包方式获得的土地经营权则可直接向有关部门申请登记获得土地经营权证。当前重点是要抓紧制定土地经营权登记、抵押贷款的相关制度。

第二节　农村承包土地流转

　　土地家庭承包经营客观上带来了土地的小规模经营，为了解决这一问题，全国各地采取各种措施推进土地承包经营权的流转，党中央、国务院也多次发文支持各地依法健康有序地推进土地流转。2017年底召开的中央农村工作会议指出，创新土地流转形式，鼓励承包农户依法采取转包、出租、互换、转让及入股等方式流转承包地，鼓励农民在自愿前提下采取互换土地的方式解决承包地碎片化问题。土地流转是完善农村基本经营制度最为重要的措施。从逻辑上讲，土地流转是指在坚持家庭承包制的基础上，一部分承包农户放弃土地经营而其他农户或单位愿意经营更多土地的市场化资源配置过程。这一过程主要包括三个方面：一是必须要有农户不愿经营土地；二是必须要有一部分农户或组织愿意经营更多的土地；三是必须为愿意放弃土地经营的农户和愿意经营更多土地的农户、组织提供信息等服务。

一、土地流转的条件

　　总的可分为客观条件和主观条件。客观条件不具备而主观上大力推进，或者客观条件具备而主观上听之任之，都会影响土地流转，只有在客观条件具备的基础上，适时在主观上采取措施，才能促进土地健康有序流转。

　　客观条件。一是户均承包土地的规模。土地流转与户均承包土地呈负相关关系，户均规模越小，越要流转。全国人均耕地1.4亩，并且分布很不均衡，南方地区称"亩"，东北地区称"公顷"，南方地区户均承包面积远低于东北地区。主要指农业收入在农户家庭收入中的比重、农业劳动力占农村总劳动力的比重，比重越低，越有必要流转。二是农村社会保障水平。土地对农民而言，既是生产资料又是生活资料，农村社会保障主要包括农民养老保险、农村合作医疗、最低生活保障等制度及其标准的高低。制度越健全、标准越高，越有条件流转。如果农业效益不高、负担重，农民都不愿从事农业生产，就会促进土地流转。四是农业劳动强度的大小。农业劳动生产条件差、强度大，即使有较高的收入，农民仍不愿意从事农业生产，同样也会影响土地流转，必须推进农业领域的"机器换人"。

从总体上看，当前各地土地流转的客观条件已基本具备或者说全面具备，能否扩大流转更大意义上取决于政府的政策引导和基层干部的作风等主观条件。

二、土地流转的原则和方式

土地流转的原则。一是依法原则。流转后的土地不得改变农用地的性质，必须用于农业生产。二是自愿原则。土地流转的双方当事人分别叫流出方和流进方，流出方有权决定是否流转、流转的对象和方式，任何单位和个人不得强迫或者阻碍承包方依法流转土地。流进方可以是承包农户，也可以是其他从事农业生产经营的组织和个人。土地流转方式、期限和具体条件，由流转双方平等协商确定，再签订流转合同。三是有偿原则。土地流转实行有偿流转，土地流转费归流出方所有，任何单位和个人不得侵占、截留、扣缴。一般流转费因土地流转期限、种植农作物、生产条件不同而由双方确定，流转期限长、种植经济效益高、生产条件好的土地流转费一般较高。

土地流转的方式。主要有转包、出租、互换、转让、入股、委托等。转包指承包方将土地以一定期限转给同一集体经济组织的其他农户（即本村人）从事农业生产经营。转包后原土地承包关系不变，流进方按转包时约定的条件对流出方负责。出租指承包方将土地以一定期限租赁给他人（外村人）从事农业生产经营。互换指承包方之间为方便耕作或者各自需要，对属于同一集体经济组织的承包地进行交换，同时交换相应的土地承包经营权。转让指承包方有稳定的非农职业或者有稳定的收入来源，经承包方申请和发包方同意，将土地承包经营权让渡给其他从事农业生产经营的农户，由其履行相应土地承包合同的权利和义务，转让后原土地承包关系自行终止，原承包方承包期内的土地承包经营权部分或全部灭失。入股指将土地承包经营权作为股份加入其他组织，实行合作生产。这里又分为两种情况：一种是以家庭承包方式取得承包土地的，其土地承包经营权只能入股参加专业合作社（土地股份合作社）。另一种是以其他方式取得承包土地的，其土地承包经营权可以入股参加股份公司或者专业合作社。对流转形成的土地，专业合作社（土地股份合作社）可以组织人员直接经营，也可以改善基础设施后分片租赁经营，或者干脆一次性将全部土地再流转给相关生产经营者。

转包和出租因操作简单，是土地流转的两种最主要方式。在实践中，为便于土地流转后连片种植，还可以采取另外有效的流转方式。一是委托流转。就是流出方将要流转的土地委托村、乡镇土地流转服务组织流转，村、乡镇土地流转服务组织根据流出方委托事宜对外发布信息，由村、乡镇土地流转服务组织与流进方签订流转合同。流进方不用跟每个流出方签订流转合同，有利于连片流转。二是季节性流转。就是将种植某一季作物的土地流转给其他生产经营组织，如粮食生产者一般冬季不种作物，蔬菜生产者一般上半年不种露地蔬菜，实行季节性流转，不仅可以增加或节约流转费，并且还能扩大规模，增加收益。

三、土地流转的主要措施

将土地流转作为建设现代农业的基础性工作来抓。实施乡村振兴战略，以产业兴旺为重点。从一定程度上说，农业发展中出现的问题，如农产品质量安全、土地抛荒、农业技术推广难、机械化程度低等，基本上都是因家庭经营规模小而引起的。我们既要反对因家庭承包制带来小规模经营而否定家庭承包制，又要将土地流转作为完善家庭承包制的最主要措施。虽然适度规模经营有多种形式。但土地流转是最主要的形式。没有流转，小户成不了专业大户，工商资本投资农业更是无从谈起。因此，必须将土地流转作为发展现代农业、实施乡村振兴战略的基础性工作来抓。

鼓励承包农户流转土地。要帮助农户算好账。镇、村干部要深入做好农户工作，宣传政策，努力让流转土地成为农户的自愿行为。对一些主要进行自给性生产的农户，帮助计算生产成本，对比收益以确定土地是否流转。对一些有一定劳动能力的人，可以将其安排到新型农业经营主体参加劳动，除土地流转收益外，使其还可以获得工资性收入。要对流转期限长的流出方进行经济补助。流转土地除流转费外，政府还可以给予一定的补助和奖励，既可以直接补助给流出农户，也可以补贴给村级组织，调动基层干部的积极性。要将二轮承包剩余年限全部流转的农户，视同被征地农户，纳入失土农民保障范围，办理失土农民保障。

支持各类新型农业经营主体积极接包流转的土地。要将发展现代农业作为招商引资的重要内容，推出一批项目，支持各类新型农业主体投资创业，特别是要吸引返乡的农民工、复员军人、大学毕业生。现代农业投入的机器设备较多，投入较大，从实际来看，设施配套用地是制约农业投入的一个重要原因。要明确设施农用地的范围、审批的程序，帮助解决新型农业主体在生产中的管理用房、机械存放等问题。除普惠性的政策外，要将实行申报制的农业项目优先安排给新型农业经营主体，这不仅可以提高农业生产水平，还可以增强带动小规模农户的能力。

选择适当流转时机。一般与土地整理、土地复垦、农业综合开发、农田水利建设等结合在一起，或者是招商引资成功以后再进行组织流转，重点放在粮食生产功能区、现代农业园区。

加强对土地流转的服务和管理。县（市、区）、乡（镇）成立土地流转服务中心，及时搜集流转情况、发布流转信息，帮助协调流转价格、签订合同、调解有关纠纷。县级土地流转服务中心可以和县农村产权交易中心结合起来建设，或者作为产权交易中心的一项业务。合理确定流转价格，可以用货币结算，也可用稻谷折价。提倡以粮食实物折价来计算流转费，因为粮食价格一般比较稳定，逐年以一定的幅度上涨，但上涨幅度不会过高，对双方都比较有利。切实加强对土地流转的管理，严禁"非农化"，防止"非粮化"。建立土地流转风险金，用于应对可能出现的风险。

第三节 新型农业经营主体

实施乡村振兴战略必须构建农业经营体系，发展多种形式的适度规模经营，培育新型农业经营主体。新型农业经营主体是相对于承包农户而言的，其实质是实行农业的适度规模经营，是完善农村基本经营制度的重要途径。

一、新型农业经营主体的主要形式

劳力、土地、资金、技术是经济活动的"四要素"，各要素虽都能反映生产规模水平，但唯有组织制度才能将这"四要素"按数量和结构有机组合起来，从而形成现实生产力。培育新型农业经营主体就是将各种经济组织制度引入到农业各产业和农业生产经营各环节中来。当前的新型农业经营主体主要包括专业大户、家庭农场、专业合作社、农业公司。

专业大户。其表现为经营规模大，专业从事某一种农产品的生产或经营，投入和生产以家庭人员为主，主要通过土地流转形成，无须工商注册。专业大户是最早的新型农业经营主体，随着土地流转开始而产生，对粮食增产、农业增效、农民增收做出了极大的贡献。从20世纪末至21世纪初最为普遍，目前仍是最主要的新型农业经营主体之一。

家庭农场。党的十七届三中全会首次提出家庭农场这一组织形式，近年来越来越受到重视，数量也不断扩大。对什么是"家庭农场"，目前尚没有统一的提法，一般将具有一定经营规模，主要靠家庭人员生产经营，农业收入在家庭收入中占主要比例的农户称为家庭农场。实际上，家庭农场是对一类具有某些共同特征的组织的"俗称",并不是一种独立的农业组织制度。从内涵上看,家庭农场具有以下特点:一是出资者和经营者特别是出资者主要是家庭成员。这是核心内涵。至于家庭成员的范围,可以是直系三代,也可以适当放宽到旁系。至于规模有多大,可从实际出发,一家人承包两三亩土地,成立家庭农场也可以。二是一定要经过工商注册。这是它与专业大户的根本区别。没有工商注册,只能算是专业大户或承包农户,只有进行了工商注册,才有可能成为家庭农场。三是主要从事农业生产经营。包括从事种植业、养殖业或农牧结合的多种经营。从外延上看,家庭农场可以按多种组织制度进行工商注册。

农民专业合作社。合作社是一种古老的组织制度,甚至比股份制公司的出现还要早,其基本特征是"共同拥有、共同管理、共同享用",是世界各国农业发展普遍采用的一种生产经营组织制度,在很长一段时间内几乎是我国农业唯一的生产经营组织。农民专业合作社是农业专业化生产、社会化服务的产物,十多年来在农业生产经营和服务中大放异彩。

农业公司。其代表性组织制度是责任有限公司,基本特点是出资者和从业者不同,出资者是老板,拿的是利润;从业者是工人,领的是工资。出资者中,谁出资多,谁就是董事长。赚来的钱,按出资份额进行分配。因此,公司具有产权清晰、运转高效的优点,是现代企业制度的代表。成立农业公司是有志于农业发展的个人或组织常用的一种组织制度,也是农业领域大众创业、万众创新普遍采用的一种办法,更是工商资本投资农业采取的主要形式。在实践中要把握好以下几点:一是鼓励。农业是弱质产业,各级政府和有关部门都要鼓励各种社会资本投资农业,切实增强农产品的供给能力。二是引导。引导公司特别是工商资本向种业、技术服务业、农产品加工流通业等领域投资,成为各类农业龙头企业,提高带动小农户的能力。三是支持。政府和有关部门对各类农业公司的生产经营要一视同仁,使其在财政、税收上和其他农业组织享受同等待遇。四是管理。加强对农业公司的监督,促进其依法经营,切实禁止"非农化",防止"非粮化"。

新型农业经营主体除了以上四种形态外，还有民办非企业单位，如民办的农业研究所、民办的农业培训中心，以及民间组织，如农产品行业（产业）协会、学会、研究会等。这些经营主体都从不同的角度投入农业生产经营或为农业提供各种服务。当然，国有和集体农场也是农业生产经营主体，但目前数量有限，并且土地基本上都实行承包制或租赁制，农场已退出农业的直接经营。

二、合理选择农业生产经营组织形式

承包农户和专业大户、家庭农场、专业合作社、农业公司组成的"一基础四骨干"，是构成农业经营体系的主要力量，除承包农户外，专业大户、家庭农场、专业合作社、农业公司是新型农业生产经营主体的主要形式。在实践中，采用何种组织形式也有讲究，衡量的标准是哪种组织形式最有利于节省成本、提高效益，这又与不同的农业产业特点、不同的生产规模、不同的经营者管理水平紧密相关。

专业大户和家庭农场相比较。专业大户形式最简单，不用配会计、出纳，最多记个流水账，产品自产自销也都免税，但只能享受政府的普惠制政策，如粮食直补，而对于一些需实行申报制的支农项目无能为力，在品牌化经营上也是如此。而家庭农场首先要注册登记，还要不定期接受工商部门、税务部门的检查。但家庭农场可以在银行开户，可以有更好的信用跟其他组织签订产销合同，还可以申请有关部门给予项目支持。因此，专业大户是基础，只要有志于扩大农业生产规模的农户都可以采用，而家庭农场是专业大户的高级形式。培育的家庭农场要优先从专业大户中选择，当前应积极鼓励"户改场"，鼓励专业大户经工商登记改造成为家庭农场。

专业合作社与农业公司相比较。组织制度各有优势，从一般经济活动来看，公司制要优于合作制，虽然合作制的产生要早于公司制，但后来被公司制"打败"了。合作制在世界范围内辉煌了一段时期后，领域不断缩小，数量不断下降，最主要原因是经营机制不佳。合作制讲究的是公平，公司制追求的是效率，而对于经济组织来说，效率才是第一位。从农业生产经营来看，公司制并不优于合作制，这主要由农业生产特点决定。农业是自然再生产和经济再生产的统一，经济再生产是共性，自然再生产是个性。农业生产季节性强、生产周期长，不用像工业企业一样必须造一批固定的厂房、吸收一批固定的工人，农忙时大家出力，农闲时只要一个或几个人管理就可以。合作制虽然已退出大部分领域，但在农业领域是一枝独秀，成为世界各国发展农业普遍采用的组织制度。具体来说，劳动密集型、土地密集型农产品的生产，一般选择合作制；技术密集型、资金密集型农产品的生产，一般选择公司制。如对于畜牧业中的家禽生产，合作制要好于公司制，而生猪生产，则用公司制好；鲜活农产品的生产，一般选择合作制，而加工型农产品的生产，一般选择公司制；还有提供农业生产性服务的，选择合作制，而提供营销、物资供应服务的，选择公司制。特别是农业服务业，合作制明显具有优势，在某种程度上说，专业合作社不是一种生产组织，而是一种服务组织。产业扶贫是实行精准脱贫的主要途径，应当大力采用专业合作社的组织形式，通过能人带动和提供服务，促进那些缺资金、缺技术、缺销路的贫困户发展生产，增加收益，尽早脱贫。

但各种组织制度并不是对立的，实践中更多的是多种组织制度交织在一起，对于生产者来说，可以采用多种组织制度。如家禽业产业化经营过程中，在种禽环节用家庭农场形式比较好，在养殖环节选用专业合作社，而在屠宰（加工）环节则用公司制。又如在茶叶生产加工中，在茶园管理和青叶采摘中，选用合作制为好，而在茶叶加工中，则必须采用公司制。不同的组织制度可以在不同的环节起到节约成本、提高经济效益的作用，而某一位能人可以成为家庭农场场长、专业合作社社长和公司董事长。

一个农业生产者也并不是只参加一种组织。农业公司与其他公司之间完全可以共同出资成立新的公司，专业合作社也可以与其他组织共同出资成立新的经济组织。一个水果专业合作社要搞农产品加工，当然自己可以办，但最好还是与其他企业，如某一个水果加工企业共同出资成立新的水果加工公司，既可以节省投资，还可借用别人的技术力量。当然，到底是行使控股还是参股的职权，就要看各自在总出资额中的比重了。

在各种组织制度中，农民专业合作社具有特殊的"魅力"。这种组织既可以是农户与农户的联合，也可以是公司与公司的联合，更可以是专业合作社与专业合作社的联合。实际上，专业合作社与农业生产力发展水平高低没有关系，前者是由农业生产特点决定的，这与家庭承包经营跟农业生产力发展水平没有关系是同一个道理。从最早出台农民专业合作社地方性法规的浙江省来看，"农业因合作社而美丽"已被实践证明。当前应重点打好专业合作社能力建设"组合拳"：通过资产重组打造大社、强社或成立专业合作社联合社，通过设施建设增强服务能力，通过规模扩大提高盈利水平，通过应用先进技术提高生产水平，通过延长产业链形成新的经济增长点，通过引进人才促进管理上水平，通过创新经营机制提高效率。专业合作社必将因提升壮大而更加灿烂。

三、加大农业经营主体培育力度

鼓励大学毕业生从事现代农业创业，举办大学生农业创业专场招聘会。浙江省在 2009 年就出台政策：到农民专业合作社就业或自主在农业领域创业的全日制大专以上院校毕业的大学生，可以享受大学毕业生创业的政策，此外，省政府连续三年每年给予 5000 元到 1 万元不等的补助。目前，全省已有数千名院校毕业生进入农业领域，其中相当数量的人成为"农创客"或接过父辈的"衣钵"成为"农二代"。对已在农业领域就业的年轻人，实行统一考试、单独录取、函授教育，所需经费由政府开支，旨在将其培养成现代农业领军人才。继续办好农民大学、农民学院，改革职业农民培养方式，将职业农民分为农业经营者和实用技能人才，更好地提高培训的效果。

第四节　为农业服务

在农业生产经营的某些环节乃至全过程，通过为农民提供社会化服务，将现代生产要素引入农业，可取得显著的规模效应。党中央、国务院十分重视农业社会化服务，出台了一系列政策措施，农业社会化服务取得了很大进展，初步形成了比较健全的公益性服务和经营性服务相结合、专项服务和综合性服务相配套的农业服务体系。但农业服务仍是当前农业供给侧结构性改革中的短板，表现出服务能力不强、服务机制不活、服务质量不高等问题。促进产业兴旺，要紧紧盯住农业服务中不平衡不充分的领域和内容，进一步完善农业服务体系，增强农业服务能力，提高农业服务质量，努力做到信息能提供、土地能流转、科技能支持、作业能服务、产品能销售、银行能贷款、灾害能保险。

一、完善政府公益性农业服务体系

强化基层农业公共服务中心建设。全面加强县级特别是乡镇农业公共服务中心建设，切实履行好农业技术推广、动植物疫病防控、农产品质量安全监督等基本职能。切实改善基层农技推广条件，配备必需的办公用房、检测设备、培训场所、试验基地等，安排一些实用而又急需的农技推广项目。强化基层农技干部岗位责任，推行责任农技制度，在县、乡镇分别建立首席农技推广专家、农技指导员、责任农技员制度，明确农技推广专家、农技指导员各自联基地、"联大户"（新型农业经营主体）的要求，明确乡镇责任农技人员包村联户履行好农技推广"班主任"责任。要关心基层农技人员，技术职称评定优先向基层农技人员倾斜，改变职称评定"以论文论英雄"的做法，将经验总结、试验方案、实际效果作为职称评定的重要依据，更好地发挥基层农技人员的积极性。

定向培养基层农技人员。目前从事基层农技服务的人员主要是 20 世纪

80—90年代的大中专毕业生或招聘的干部。这些人员逐步进入"老龄"，而受各方面影响，出现招聘基层农技干部难、专业不对口现象，及时补充存在一定的难度。针对这一情况，从2012年开始，浙江省农业厅、人力资源和社会保障厅、教育厅在全省组织定向培养基层农技人员，在普通大学招生前提前录取并签订服务合同，毕业后作为事业干部在乡镇从事农技推广服务。与此同时，制订出台推进基层农技队伍建设的意见，加大公开招聘力度，从事基层农产品质量安全监管、检测等工作的岗位，面向大学生"村官"定向招聘。依托基层农技推广补助项目，积极开展基层农技人员知识更新培训，基层农技人员的年龄结构、学历层次呈现稳步向好的态势。

建立农业技术服务团队。高层次农业科技人才往往集中在省、市两级，并且分散在科研、教育、农技推广等不同部门，力量比较分散，难以集中攻克农业发展的"制约因子"。

二、深化生产供销信用"三位一体"合作

以生产合作、供销合作、信用合作为主要内容的"三位一体"农民合作经济组织体系建设，是一项旨在促进农业社会化服务的改革措施，进一步完善了农业服务体系，增强了农业服务能力。农合联参与建设乡镇农业综合服务中心，改变了单纯公益性服务的状况，提高了基层公共服务中心的服务能力。

提高了农业服务质量。化肥、农药直接关系到农产品质量和环境建设，嵊州市农合联探索"一个主导产业标配一个作物专科医院"的专业性服务模式，建成黄桃、粮油、蔬菜等一批新型庄稼专科医院，开展技术指导、测土配方、农资供应、品牌营销等服务，让农民的支出成本降至最低。

三、健全农业服务机制

大力组织农产品产销对接。在重要的农时节气组织各类综合性的农博会、展

销会，根据时令特点，举办各类农业节庆活动，邀请外地客商，组织本地农业生产经营者，实行产销对接。

积极开展农业科技对接。深化农业科技下乡活动，组织农业科研单位的专家为农业生产经营积极服务，实行"一社一顾问"，变短期的一次性的服务为相对固定的长期服务。先由各类农业经营主体提出所需的科技和对专家的要求，再让科研院校、农技推广单位中的专家进行选择，成为技术顾问。专家的实用科技得到推广应用，农民对先进农业技术、装备、农作制度等的需求也得到很好的落实。

努力推进银农合作和项目支持。全面开展信用村、信用户调查与评定，对符合条件的农业生产经营主体实行授信，开发各类信贷项目，实行一次担保，贷款优先，利率优惠。通过各类农业支持项目改善生产条件，提高服务能力，带动小农户增加效益。

组织品牌农产品推介。组织开展农业龙头企业评定、名牌农产品推介，开展农产品包装比赛、旅游农产品评比、伴手礼评选、优秀农业服务组织和农业服务精英评选等活动，促进一大批农业名牌企业、名牌农产品、农业服务带头人涌现。

第五节　发展村级集体经济

发展村级集体经济是完善农村基本经营制度的重要措施，没有村级集体经济，不仅难以增强乡村服务能力，更难以提高村级组织的战斗力、凝聚力。

一、建立农村集体经济组织

我国的农村集体所有制始于 20 世纪 50 年代的农村合作化时期，宪法和相关法律都明确规定农村集体土地等属于农村集体经济组织成员所有。可现实中农村集体经济组织基本上是"名存实亡"，由于长期处于"半开放"状态，集体经济组织成员的界限更难以划清。这在一定程度上影响了村级集体经济发展，也是导致农村不稳定的重要原因。正确区分以户口为依据的"村民"和以与集体资产相关联为依据的"社员"的界限，户口在村的原生产大队成员、新出生的小孩、婚迁人员、政策性移民、合法收养的人都是村经济合作社的社员，因服役、读书等而迁出户口的人可临时保留社员资格，除此以外的其他人员是否享受社员资格，由村经济合作社社员（代表）大会确定。村经济合作社与村党组织、村民委员会、村务监督管理委员会同步换届选举，村党组织书记依法选举担任村经济合作社社长。农村集体经济组织得到了全面建立，村级集体发展及其管理有了真正的主体。

二、扶持村级集体经济发展

切实解放思想，进一步拓宽村级集体经济发展的思路和途径，把村级集体经济发展放到更广阔的空间上来谋划。一要将优质资源向发展村级集体经济倾斜。出台村级留用地政策，凡国家征收的农村集体土地应按一定比例作为村级留用地，用于建设标准厂房、写字楼、批发市场等项目来发展村级集体经济。二要坚持抱团发展，特别是政府要加强协调和统筹，促进一些薄弱村联合抱团，通过共同建设物业，保证村级每年有稳定的经济收入。三要将农业产业发展项目与发展村级集体经济挂钩，支持村经济合作社申报鱼塘改造、农业基地建设、产业结构调整、设施大棚建设、农业服务中心建设等项目，以增加租金等相应收入。

三、加强农村集体资产、资源、资金管理

坚持政府监督和民主监督相结合的原则，以村级集体资产保值增值为目标，以改革为手段，加强农村集体资产、资源、资金管理。一是切实维护农村集体经济组织和成员的权益，将村级负担纳入农民负担的监督管理范围，严格规定任何

单位、任何组织不得向村级摊派、捐助、赞助，村级集体经济组织也不得为任何单位进行担保。二是严格落实村级零招待（特别是行政接待零招待）、村级报刊订阅限额制度，制订村干部补助、出差住宿、会议开支、村民误工补贴等非生产性开支的范围与标准。三是完善村级会计委托代理制，严格执行村务监督委员会民主监督制度，全面实行村级财务公开，落实村级项目招投标制度，加强对村级收支的审计监督。四是推进农村集体经济组织股份合作制改革，加强清产核资，通过民主程序科学设定每个成员的股权，由村集体经济组织发放股权证，作为享受村级集体资产经营收益分配的依据。五是完善内部治理机制，将农村集体经济组织的名称变更为村股份经济合作社，选举产生村股份经济合作社董事会、监事会，向全体成员大会或成员代表会议负责。

四、消除集体经济薄弱村

如村级集体经济年收入不到 10 万元，往往难以保证村级组织正常运转和对农业生产、农民生活的基本服务。发展村级集体经济，除对富裕村抓好管理外，重中之重是抓好年收入 10 万元以下的薄弱村的发展，千方百计消除集体经济薄弱村。一要坚持党政主导、因地制宜，像抓精准扶贫一样抓消除集体经济薄弱村工作，层层建立责任制，形成相关部门各司其职、合力攻坚的工作机制。二要加大政策倾斜和投入支持力度，最大限度推动人才、资金、土地等要素向薄弱村集聚，整合社会各方面力量为发展集体经济铺路助力。三要大力选拔敢担当、能带富、善治理的人员担任村党组织书记，提升村干部的发展意识和致富本领。四要鼓励企业与薄弱村结对帮扶，逐村落实"一名第一书记、一个帮扶团队、一套帮扶方案"，开展结对攻坚，薄弱村未摘帽、帮扶不脱钩。五要根据各村不同的经济基础、区位特征、资源禀赋，"一村一策"增强薄弱村造血功能，不断拓宽村级集体经济发展路子。六要加大对村级组织的转移支付力度，逐步扩大对村干部的补助范围，提高公益林、基本农田的保护经费标准，增加对农村环境保护、道路维护、垃圾分类等的经费支持。有条件的地方，可以由各级政府直接对村级组织进行一定数量的基本运转经费转移支付，保证村级组织有一定数量的固定可支配收入。

第四章　农村乡村生态环境的改善

生态环境是人类赖以生存和发展的根基，直接影响文明的兴衰演替。"生态兴则文明兴，生态衰则文明衰。"以绿色发展引领乡村振兴是一场深刻革命。在实施乡村振兴战略的过程中，必须坚持节约优先、保护优先、自然恢复为主的方针，像保护眼睛一样保护生态环境，像对待生命一样对待生态环境，践行"绿水青山就是金山银山"的理念，实现人与自然和谐共生，还自然以宁静、和谐、美丽，不断满足人民日益增长的优美生态环境需要。

第一节　保护自然生态

乡村是百姓的根，优美自然山水、靓丽田园风光、和乐人居景象，令多少人心驰神往。党的十八大以来，中国生态环境保护发生了历史性、转折性、全局性变化，广大农村日益呈现出留得住青山绿水、记得住乡愁的人居环境。但应当认识到，生态环境保护任重而道远，必须以壮士断腕的决心、背水一战的勇气、攻城拔寨的拼劲，打赢污染防治攻坚战，让中华大地天更蓝、山更绿、水更清、空气更清新、环境更优美，为老百姓留住鸟语花香的自然生态。

一、落实空间规划

划定三条控制线。根据不同区域的资源环境承载能力、现有开发密度和发展潜力，统筹考虑人口分布、经济发展、国土利用和城市化进程，明确主体功能区。合理确定城镇发展、农业生产、生态保护三类空间比例，划定和严守城镇开发边界、生态保护红线和永久基本农田三条控制线。以主体功能区定位为依据，实行差异化的国土利用方式：优化开发区域"以存量换增量"，重点推进城乡土地整理挖潜、城乡建设用地增减挂钩，维持现有开发强度，调整优化发展结构；重点开发区域"以效率换用地"，建立关于开发强度的激励分解制度，实现经济提速增效；限制开发区域"以管控保生态"，考虑土地开发潜力、环境承载能力以及生态保护要求，降低开发强度，实现保护优先、集聚发展。加快推进制造业向工业园区集聚，现代服务业向中心城市集聚，农村人口向县城和中心镇集聚，进一步优化资源要素配置，促进协调发展。

切实强化空间规划管控。制定城镇、农业、生态三类空间开发建设管控意见和转化机制，明确各类空间管控方向和管控措施，引导空间资源的有效配置。从产业准入、环境容量、征占用管理、开发强度、生态补偿等方面，研究城镇开发边界、永久基本农田、生态保护红线管控的办法和政策措施。制订基于主体功能定位的差异化考核办法，强化考核评价结果应用。推行能源、水、土地等资源利用消耗标准和污染物排放、清洁生产等差异化环境标准，引领产业合理发展和转型升级。研究与生态产品价值、生态红线区保护面积、产业准入负面清单、生态保护质量相挂钩的财政政策，探索建立流域上下游间生态保护补偿机制。

推进重点生态功能区转型发展。探索重点生态功能区特色化、可持续的发展道路，促进生产空间集约高效、生活空间宜居适度、生态空间山清水秀，真正实现"绿水青山就是金山银山"。引导和激励重点生态功能区实行最严格的源头保护、环境治理和生态修复制度，科学划定生产、生活、生态空间。建立以生态旅游为重点、生态工业转型提升、生态农业精品化发展的生态经济体系。在环境承载力允许范围内，大力发展以生态养生、休闲旅游、文化创意、健康服务等为重点的服务业态，培育延伸生态经济产业链。抬高工业准入的生态门槛，淘汰污染企业，积极构建生态工业链。发展生态高效农业，健全绿色农产品营销网络，打造具有竞争力和品牌影响力的农产品品牌。

二、推进绿色发展

人多地少水缺是我国的基本国情，必须牢固树立和践行"绿水青山就是金山银山"的理念，大力推行绿色生产模式。严守生态保护红线，进一步加大退耕还林还草的力度，扩大耕地轮作休耕试点，持续降低农业资源利用强度。实施农业节水工程，有效提高农田灌溉水利用系数，加快建立农业合理水价形成机制和节水激励机制。推广应用测土配方技术，减少化肥、农药使用量。落实国家农用地土壤环境质量类别划定要求，分类实施严格保护、用地管控和治理修复，让老百姓吃得放心、住得安心。

以农业供给侧结构性改革为主线，以高效生态为导向，推进现代农业绿色化、优质化、品牌化发展。应用良种良法良技，推广粮经轮作、水旱轮作等生态种养模式，实现农产品提质增效。推进畜牧业转型升级，优化养殖品种结构，积极发展优质特色畜牧业，既满足市场需求、增加农民收入，又促进生态保护和环境改善。发展洁水保水渔业，内陆地区推广循环水养殖等节地、节水、环境友好型模式；沿海地区鼓励发展浅海贝藻、鱼贝藻间养和全浮流紫菜养殖等碳汇渔业。

以国家公园、自然保护区、生态功能区、公益林区、重要水源涵养地等为依托，构建自然生态屏障。强化对重点生态功能区、生态环境敏感区和生态脆弱区的保护，增强生态自我修复能力。注重坡地、园地、经济林地坡面水系建设，有效治理水土流失。加强矿山生态环境综合整治，恢复湖泊和湿地生态，推进沿海滩涂、港湾、海岛海域和岸线的生态修复。实施小流域和清水河道治理，推行河道保洁常态化。加大对松材线虫病、美国白蛾等有害生物灾害的防控力度，抵御外来物种入侵，确保动植物资源与生态环境的协调平衡。

切实改变大量生产、大量消耗、大量排放的生产模式和消费模式，促使资源、生产、消费等要素相匹配、相适应。倡导简约适度、绿色低碳的生活方式，避免奢侈浪费和不合理消费，推进全民衣食住行游等向勤俭节约、文明健康的方向转变。以绿色家庭、绿色学校、绿色矿山等为载体，开展多层次的生态文明示范创建活动。充分利用世界环境日、地球日等重要节日，推进形式多样的宣传教育，构建起学校、家庭、社区、企事业单位和社会公益教育机构有机结合的生态文明教育体系。引导人们树立尊重自然、顺应自然、保护自然的理念，确立和倡导崇尚生态、保护环境的新风尚。

三、国土绿化美化

森林是陆地生态的主体，是生命起源的摇篮和人类生存的根基，关系到生存安全、淡水安全、国土安全、物种安全、气候安全。保护好森林资源，强化国土绿化美化，是生态文明建设的重要基础，也是乡村振兴的题中之义。建设天蓝、水清、山绿、地美的美丽中国，植树绿化责无旁贷。天蓝，需要森林来净化；水清，需要山林来涵养；山绿，需要树林来支撑；地美，需要绿化美化来营造。坚持人与自然和谐共生，提供更多优质的生态产品，以满足人民日益增长的优美生态环境需要和对美好生活的向往。林木是人居环境的必需品，房前屋后有树木是一种骄傲。同时，空闲时往山区林间跑，已成为一种时尚。森林食品深受居民喜爱，到山水之间享受森林氧吧、体验森林康养更是许多人的追求。

推进乡村绿化建设。在保护好现有乡村风貌的基础上，将绿化规划与地形地貌、村庄布局、产业培育、风土人情等有机融合，全面推进村庄绿化。利用房前屋后空地、边角地等，重点抓好乡村庭院绿化、街面绿化和休闲绿地建设。推广墙体、屋顶、阳台、坡面等立体绿化，充分利用可绿化空间，挖掘绿化潜力，突出身边增绿，进一步优化生态环境。加强村庄道路、河道绿化美化，对缺株断带、树种单一、功能较差的林带，进行优化调整或更新改造，注重对原生植物的保护。切实抓好村庄周边绿化，在可视范围内的荒山荒地造林，加大山体林相改造力度，建设农田防护林和环村片林，构建景观优美、结构稳定、功能有效的森林生态屏障。

精准提升森林质量。以提高森林质量和景观水平为目标，按照区域集中、连片推进的思路，以通道沿线、江河两侧、城镇周边等山体区域为重点，以彩色健康森林建设为主要内容，打造沿江、沿海、沿山、沿湖和沿路（公路、铁路）生态美丽廊道。大力发展阔叶树、彩色树，因地制宜发展木材质量好、经济价值高、培育前途大的珍贵乡土树种，更好地藏富于林、蓄宝于山。加强乡村古树名木保护工作，采用"一树一策"的方法，充分挖掘文化内涵，讲好古树故事，推进古树名木保险、认养和挂牌。结合生态文化基地和生态文化村创建，建设植物园、标本馆、科普馆、博物馆等，完善科普步道、长廊、宣传亭、标识牌等宣教设施，推动森林生态文化广泛传播。

健全绿化长效机制。把绿化建设纳入土地利用总体规划，采取租用、流转、补助等方式保证绿化用地需求，鼓励群众在房前屋后、空闲地块、荒山荒滩等"见缝插绿"。创新管养机制，做到建设与管护并举、发展与保护并重，切实加强对农村林木的养护。注重对茶、桑、果等经济林的保护、发展和提升，完善绿化管护制度、长效管养机制和平原农田林网产权制度，依法保护森林资源和绿化成果。探索市场主体参与的工程化管理模式，通过政府购买服务的方式，把规划设计、施工作业、后期养护等交由市场主体承担，切实提高绿化建设质量。

发展林业美丽经济。以高效生态为导向，加快林产品品质提升和品牌培育，推进林业一二三产业融合发展，带动乡村产业振兴。结合地方优势和特色，发展木本干鲜果、油料、药材及特用经济林种等产业，大力推广"一亩山万元钱"等兼具美化、生态和经济价值的种植模式，促进农民持续增收。以林果、林药等生态林产品为依托，培育新型经营主体，整合林业品牌，提高产品附加值。依托优质的森林生态资源，发展山水观光、森林康养、乡村民宿、水果采摘等，增强人们对森林生态环境的享受和体验感，打造独具特色的"一村一品""一村一景""一村一韵"精品森林村庄。

四、保护修复湿地

湿地是指天然的或人工的、永久的或间歇性的沼泽地、泥炭地、水域地带，带有静止的或流动的淡水、半咸水或咸水水体，包括低潮时水深不超过 6 米的海域。湿地是地球上具有多种功能的独特的生态系统，在保护生物多样性、维持淡水资源、均化洪水、调节径流、补充地下水、改善气候、降解污染物和为人类提供生产、生活资源等方面，发挥着重要作用。湿地素有"地球之肾"美誉，具有很高的保护和利用价值。如位于杭州城西的西溪湿地，经历了海侵、海退、湖泊、沼泽化的漫长演化过程，成为原始湿地，后又在人类渔耕作用下演变为次生湿地。西溪湿地自然景观秀丽、生态资源丰富、文化积淀深厚，又与杭州主城区融为一体，是城市生态绿地系统的组成部分和展示城市人文特质的重要标志。

发育在不同流域、不同部位的湿地，其生态服务功能是不同的。独立的湿地是水禽觅食及筑巢的栖息地，提供物种生长环境，缓冲洪水，有利于沉积物及营养物质的吸收、转化及积淀。湖滨湿地除了前述作用外，还具有去除流域内水体的沉积物和营养物的功能，也是鱼类孵化产卵地。河口及近海与海岸湿地，还是鱼类、甲壳类动物的栖息地及产卵区，提供海洋鱼类的营养物，有利于疏导洪水、稳定河岸及抵御风暴潮侵蚀。岛屿湿地提供沙生物种生长环境，削减海潮高能波的冲击。泥炭沼泽具有保鲜功能，埋没于其中的人与动物尸体可保存数百年甚至上千年，泥炭中埋藏数千年的树木仍可用来制作家具用品。

随着人为干扰的加剧，尤其是经济发展和城市化加速，湿地生态系统遭受严重损害。湿地被开垦、改造、污染，生物资源和水资源被过度利用，泥沙淤积，湿地不断退化和消失，导致水土流失加剧，生物多样性锐减，对经济社会发展带来直接影响，甚至威胁人类的健康和生命。为此，要下决心加大湿地保护与修复的力度，维护湿地生态功能和生物多样性。一要实行湿地面积总量管控。严格湿地监管，确保面积不减少，生态功能不退化。经批准征收、占用湿地改变其用途的，必须按照"先补后占、占补平衡"的要求，恢复或重建与所占面积、质量相当的湿地。二要规范湿地用途管理。合理确定湿地资源利用的强度和时限，进一步加强对取水、取土、挖砂、开矿和污染物排放、野生动植物资源利用、引进外来物种等活动的管理，避免对生态要素和服务功能造成破坏。通过退耕还湿、退养还滩、河湖清淤、疏通水源、面源治污、流域治理等措施，恢复和增加湿地。三要实施湿地修复工程。坚持自然恢复与人工修复相结合，对功能退化的自然湿地进行整治和修复。因地制宜运用污染物清理、地形地貌修复、自然岸线维护、河湖水系连通、植被和野生动物栖息地恢复以及有害生物防治等手段，恢复湿地生态功能、维持生态系统健康。四要完善湿地管理事权。重点加强对列入国际、国家、省级重要湿地名录的湿地的保护力度，重视对市、县重要湿地的监管，做好一般湿地的管理工作。加强湿地保护宣传教育，提高公众关注湿地、靠近湿地、保护湿地的积极性和自觉性。

湿地既有独特的自然生态功能，又有景观美学意义。要把有效保护和合理利用湿地资源与实施乡村振兴战略有机结合起来，秉持生态优先、绿色发展的理念，始终把保护放在第一位，统筹好湿地的水资源平衡和生物资源多样性，满足野生动植物生长的需要，维护生态系统。遵循保护为重、科学修复、合理利用、持续发展的思路，根据不同的湿地类型、不同的生态和文化价值，创建各具特色的湿地公园和湿地保护区，打通绿水青山转换成金山银山的通道，既为发展提供优良的生态环境，也为社会提供丰富的生态文化产品，使生态优势转化为经济优势和增收致富新途径。

五、打造美丽田园

整洁田园、美丽农业，是乡村振兴的重要内容。各地加快推进农业现代化建设，农田环境不断改善、农业结构布局不断优化，打造点上出彩、面上美丽的新田园。不少乡村仍然存在农业设施布局零乱、各类线杆杂乱无章、生产用房乱搭乱建、田园环境不够整洁、固体废弃物随意丢弃等问题，不但田野视觉效果不美，而且影响农田产出效率。要切实解决田园环境"脏乱差"问题，形成基础设施完善、生产环境整洁、产业布局合理的美丽田园，切实把农业建设成为美丽产业。

推进田园环境净化。集中清除田园各类积存垃圾，重点整治丢弃于田间地头、沟渠水边的秸秆、农膜、农业投入品包装物等废弃物，加强田园日常动态保洁，进一步改善田园生产环境。引导农业生产经营主体对建设标准低、使用功能差、布局不合理的设施大棚、栏舍、生产管理用房等进行更新、维修、改造。对农业生产区域范围内的违法建筑和设施，依法予以拆除。新建、改建、扩建种养大棚、农业生产管理用房等设施，选址应符合土地利用总体规划和设施农业用地相关政策，外观设计、色彩风格要与自然环境相协调。

加强基础设施配套。重视农田道路、水利、电力、林网等基础设施配套，着力打造田成方、树成行、路相通、渠成网、涝能排、旱能浇的新田园。结合粮食生产功能区提标改造、永久基本农田保护、农田地力提升、农村小型水利项目建设等，提高农田标准化水平。协调电力、广电和电信、移动、联通等单位，按照杆线归属和职责分工，对田园各类杆线进行整合、清理、改道或将其局部改为地下埋设，进一步净化田园空间环境。

调整优化产业布局。有序推进土地流转，调整、优化农作物空间布局，合理搭配品种色彩，减少碎片化种植和季节性抛荒，推动农业规模化、集聚化发展。按照现代生态循环农业建设要求，运用统防统治、绿色防控、配方施肥、健康养殖等技术，持续推进化肥、农药使用减量化。科学布局种养业，合理确定养殖规模，建设一批美丽牧场、生态牧场，实现农牧有机融合。

建立健全长效机制。强化属地管理责任，建立网格化的田园环境整治和保护体系。落实好管护人员、经费和职责，建立农田基础设施管护和田园环境日常保洁机制。强化农业生产经营单位的主体责任，将打造整洁田园、建设美丽农业与相关涉农扶持政策挂钩，建立相应的奖惩机制。

第二节　加强耕地保护

人多地少，尤其是旱涝保收的优质农田紧缺，是我国的基本国情。保护好老祖宗留下来的"太公田"，为后代保留优质可耕的"子孙田"，是我们的神圣职责。有效保护和合理利用有限的土地资源，实现经济社会可持续发展，是一个重要而现实的课题。

一、管控土地红线

党的十九大报告明确要求，加大生态系统保护力度，完成生态保护红线、永久基本农田、城镇开发边界三条控制线划定工作。按照国家下达的任务要求，全国各地认真做好永久基本农田的划定和保护工作。

各地在编制城乡建设、基础设施、产业发展、生态环境保护等相关规划时，要与永久基本农田布局充分衔接，用"一张图"来管控国土空间。一般建设项目不得占用永久基本农田，严禁占用永久基本农田示范区。重大建设项目选址确实难以避开永久基本农田的，在可行性研究阶段，对占用的必要性、合理性和补划方案的可行性进行严格论证。对粮食生产功能区实行最严格的保护制度，将其列入限制建设区或者禁止建设区，征占用粮食生产功能区耕地的原则上不予审批。能源、交通、水利、军事设施等省级以上重大基础设施建设项目确需征占粮食生产功能区的，须经省农业行政主管部门审核同意。

科学划定生产、生活、生态用地红线，实行城乡建设用地总量控制制度，精准配置用地计划，切实遏制土地过度开发和建设用地低效使用。坚持用地计划差别化、精准化配置，着重保障重大基础设施、重点产业、重要民生等项目和符合绿色、转型、集约发展要求的项目。严格执行国家土地调控政策和产业政策，完善限制用地目录和禁止用地目录，严禁向资源消耗多、环境危害大、产能已过剩的项目供地。严格执行国家建设用地标准，建设项目的用地规模和功能分区不得突破标准控制。在确保城乡建设用地总量稳定、新增建设用地规模逐步减小的前提下，引导城乡建设用地增减挂钩节余指标合理流转，促进建设用地节约集约和国土空间布局优化，更好地保护耕地特别是永久基本农田。

二、节约集约用地

土地要素制约，已成为一些地方特别是沿海发达地区的一个硬约束。严格控制用地增量，大力盘活土地存量，实行城镇低效用地再开发，以控制增量来倒逼存量，促进土地节约集约利用，是我们的必然选择。要清醒地认识到，以往土地上低效供给的现象是客观存在的，在以土地为重点的资源约束加剧的情况下，唯有按照中央关于节约集约用地和供给侧结构性改革的要求，进一步调整土地供给结构，创新土地供给方式，提高土地供给的质量和效率，增强土地供给对需求变化的适应性，才能更好地保障经济社会发展和民生改善的需要。

要强化保护为先、节约集约、科学保障的理念，利用土地资源要素紧缺和生态环境容量有限的倒逼机制，高效利用国土资源，加快转变资源开发利用方式，多做存量盘活文章，精准配置新增建设用地，大力提高单位土地产出率，努力以更少的资源消耗支撑更高质量的经济增长。以提升存量土地使用效益为目标，通过分类处置、指标约束、监督考核等措施，推动城镇低效用地、批而未供土地、闲置土地等存量建设用地的盘活利用。紧密结合违法建筑拆除、小城镇环境综合治理、城中村和危旧厂房改造等工作，加大政策激励力度，深入推进城镇低效用地再开发。

探索农转用和土地征收预评估机制，严格执行"净地"出让要求，全面落实土地出让合同履约保证金制度和建设项目用地挂牌施工、动态巡查和复核验收制度，强化有效监管。对于批而未供土地和闲置土地量大的地区，要缩减用地计划指标，倒逼提高利用效率。以促进农村一二三产业融合发展为导向，以区域人均村庄建设用地规模管控为手段，大力盘活农村存量建设用地，推进农村土地全域整治。按照政府主导、统一规划、产业融合、整体推进的思路，全域开展以山、水、林、田、湖、村和产业各要素为对象的土地综合整治，通过零星耕地规整、散落村居撤并、农房拆旧建新、小微企业进园区、废弃工矿整治、生态环境修复等措施，合理安排基本农田建设、农地整理、建设用地复垦和中心村建设，实现农田集中连片、建设用地有序集聚、空间形态高效节约的土地利用格局，有效保障新农村建设用地需求。

三、耕地占补平衡

实行建设项目占用耕地"占一补一""占优补优""占水田补水田"的政策，是国家为有效保护耕地资源而采取的举措。占补平衡关键在于实施耕地提质改造，补足与所占用地质量和面积相当的耕地。要在垦造优质耕地的基础上，着力提升现有耕地质量，因地制宜地将旱地改造为水田，以补足耕地数量落实"占一补一"，以提升耕地质量等级落实"占优补优"，以"旱地改造水田"方式落实"占水田补水田"。

明晰优质耕地垦造特别是"旱地改水田"的质量要求，在基础条件、实施程序、建设标准和工作要求等方面予以明确，对"旱地改水田"的，还要求必须种植两年以上水稻或其他水生作物，以确保补充耕地和水田的质量。加强指导和协调，建立省级统一调剂平台，明确调剂程序并对调剂指标的流向进行合理调控。切实加强对跨区域补充耕地的监管，对调入、调出双方不履行调剂协议，擅自变动成交价格，不按成交价格支付资金等情况，采取相应的措施督促落实、处理到位。

注重对补充耕地调剂资金的管理，指标调入地可在确保当地垦造耕地所需资金的前提下，从耕地开垦费收入中列支调剂资金，仍有不足的，可使用其他财政资金；调出耕地指标的地方，要将指标调剂所得资金主要用于垦造耕地、高标准农田建设、耕地地力培育、新垦造耕地后续种植等，以保障耕地保护和建设任务的落实。对于重大项目新增建设用地需求旺盛而耕地后备资源十分稀缺的地方，发展所需的交通、能源、水利、国防等重要基础设施和重大战略产业等项目，积极争取纳入国家统筹补充耕地的范围。

四、保障耕地质量

耕地不仅要数量足，而且要质量优，达到旱涝保收、高产稳产的要求。要强化土地整治的全过程管理。对新补充耕地项目的立项、设计、实施、验收、报备，有一整套严格的程序和规定，以确保垦造项目新增耕地数量真实、质量符合要求。严格执行先评定耕地质量等级再验收制度和抽查复核制度，以确保耕地建设质量。项目验收合格后必须落实后续管护，期限不得少于3年。注重生态环境保护，防治水土流失，切实加强涉林垦造耕地监管，严禁以毁林毁山、破坏生态为代价垦造耕地。

要严格耕地质量评定。规定耕地提质改造项目的建设条件、程序和标准，从耕作、防渗、灌溉、排水等方面对水田的认定提出具体的技术指标和参数，牢牢把控工程质量。许多农田的表土肥力足、耕种条件好，理当十分珍惜。要认真实施建设占用耕地耕作层土壤剥离和再利用，剥离后的土壤主要用于土地整治改良、耕地质量提升和高标准农田建设等。要针对耕作层土壤养分、肥力、环境质量等指标，通过实测进行科学评价，确定建设占用耕地耕作层是否需要剥离以及剥离的厚度。

与此同时，还应采用土地适当轮作休耕、加大对被污染土壤的修治力度等方法，切实保障耕地质量，不断提升耕种能级。

第三节　治理江河湖泊

水是生命之源、生产之要、生态之基。我国的基本国情和水情是：人多水少，水资源时空分布不均，与人口和生产力布局不相匹配。随着工业化、城镇化发展，水资源过度开发、粗放利用、污染严重。水之殇，成为民之痛；水之净，成为民之愿；水之美，成为民之盼。有效保护水资源，推动全社会更好地关心水、亲近水、爱护水、节约水，显得尤为重要和紧迫。治水要统筹自然生态各个要素，坚持"山水林田湖草沙是一个生命共同体"的理念，把治水与治山、治林、治田、治草有机结合起来，加快构建中国特色的水生态保护、水资源利用、水安全保障体系。

一、实施综合治水

水环境与大气一样，作为城乡生活、生产环境质量的重要标志，日益成为全社会关注的焦点。水既有包容性，又有承载限度。污染呈现在水中，根源则是在岸上。追根溯源、分清原因，多措并举、综合施策，才能真正达到治水的实效。

一是治污水。从治理城乡垃圾河、黑河、臭河入手，打响清河治水攻坚战，实现河面无大块漂浮物，河岸无垃圾，无违法排污口，全面消除黑臭水体。二是防洪水。着眼江河湖溪联动，统筹考虑流域洪水蓄泄关系、水资源利用和水生态功能维护，加快推进重要江河和重点流域上游拦洪错峰控制性工程建设，提高流域、区域调蓄能力和江河干堤防御洪水能力。三是排涝水。提高平原低洼易涝区域的排涝能力，加强排涝设施建设，打通"断头河"，实现江河湖海有序连通，有效提升综合排涝能力。四是保供水。充分利用和合理开发、调配水资源，进一步提高城乡供水安全和农业灌溉保障水平。升级改造城乡供水硬件设施，强化供水质量安全管理。有序推进跨区域、跨流域引调水工程建设，进一步加强饮用水水源保护，保障城乡饮用水安全。加强地下水保护，严控严管地下水过度开发利用行为。五是抓节水。深入开展节水型社会建设，积极推动节水型灌区、企业和公共机构等节水载体创建工作。优化供水管网布局和管理，减少水资源浪费。加强非常规水资源利用，完善再生水及雨水利用设施，因地制宜实施雨水收集和利用系统建设，加强供水和公共用水管理，实行居民用水阶梯水价和非居民用水超计划累进加价制度。

水，不仅是形成物产丰美的资源要素，也是滋养地域文化的重要源泉。中国的许多地方尤其是江南水乡，因水而兴、因水而美、因水而富，水也成为人们赖以生存的"血脉"。齐心治理水污染，共同维护水环境，既构建了人与水的和谐关系，又促进了人与人的良好互动。珍惜水、亲近水、享受水是公众的追求和期盼，也必然转化为全民治水护水、共建共享的实际成效。优质的水资源、优美的水环境、长效的水供给、安全的水屏障，本身就是老百姓的切身利益和基本要求，也是优化发展环境的重要体现。构建党政主导、人民主体、企业主力、社会主动参与的共治共享良好格局，是治水美水的根本依托。

在全民共治共享中，要积极探索并总结推广各种行之有效的好载体、好做法。浙江省率先建立起省、市、县、乡、村五级联动的"河长制"，得到了中央的充分肯定和全国的学习借鉴。

二、突出治污为重

提升治污能力。按照控源截污、内源治理，活水循环、清水补给，水质净化、生态修复的技术路线，全面整治城乡黑臭水体。严格落实垃圾河、黑河、臭河整治和复查机制，定期开展评估，对出现污染反弹的河道责令限期整改，并实行挂号销号制度。大力推进以小沟、小渠、小溪、小池塘为主体的小微水体整治和责任制落实，不断提高人居环境质量，基本消除小微水体感官污染。加强城乡污水处理能力和配套管网建设，提高污水处理率、污水处理厂运行负荷率和达标排放率。切实注重排水与污水收集管网的日常养护，着力解决污水管网渗漏、破损、错接、混接等突出问题，加强雨污管网的分流改造。

实施河道清淤。针对不同地区、不同河流的淤泥成分与水域特点等，合理选用清淤方式，实现生态清淤、淤泥脱水、垃圾分离、余水循环处理一体化，提高清洁科学化水平。加强淤泥清理、排放、运输、处置的全过程管理，通过土地复垦、园林绿化、培堤固塘、制砖制陶等途径，提高淤泥资源化利用水平，有效避免二次污染。建立轮疏工作机制，实现河湖库塘淤疏动态平衡。

加强重点污染整治。以酸洗、砂洗、氮肥、有色金属、废塑料、农产品加工等对水环境影响较大的行业为重点，开展专项整治，加快淘汰落后产能，关停和整治问题突出的"低小散"企业。集中治理工业园区水污染，所有园区按规定建成污水集中处理设施，并安装自动在线监控装置。加强对入河排污口特别是工业生产排污的监管，依法规范排污口设置，全面清除非法或不合理设置，对私设、偷排的，要依法依规严查重罚。推进畜牧业转型升级，深化农业面源污染治理。

三、强化防洪排涝

以统筹的理念和综合的手段，提升防洪排涝水平。突出"上蓄"。在流域上游科学选址，建设大中型水库，增强拦洪错峰的能力。加强对已建控制性工程设施的安全鉴定，做好除险加固，确保水库、山塘的安全运行。稳固"中防"。完善流域区域防洪封闭，提升江河干堤防御洪潮的综合能力。加快独流入海河流治理，推进海塘加固建设。实施圩堤加固和配套水闸、泵站更新改造，提高平原低洼易洪地区的防洪能力。强化"下排"。切实加强下游特别是平原近海地区的排涝设施建设，推进平原骨干河道的综合治理，提高排洪下泄和通江达海的能力。围绕城乡内涝防治，加快易涝积水区域改造，努力消除易淹易涝片区的内涝现象。加大改造雨水管网、清淤排水等工程的力度，构建较为完善的防水排涝体系。保护自然河流水面，严禁围湖造地，推进海绵城市建设，综合采取各种措施，最大限度实现雨水的自然积存、渗透和净化，提升排水防涝能力。

四、修护水生态环境

河湖水体恢复洁净清澈，需要精心调理和合理修复。综合考虑江河湖溪海的相互关系，统筹水安全、水生态、水景观、水文化等，实施水系连通，提升生态综合功能。切实重视小流域和中小河流治理，实现水清、河畅、岸绿、景美，既促进农村人居环境改善，又为发展乡村休闲旅游创造条件。

河流保护和治理，要尽量借助大自然的力量，少用工程性措施，减少人为干预。一要曲直适宜。河流由于水力变化、植物生长和地形条件等，深浅不一、蜿蜒曲折，这是经数百上千年自然形成的，简单裁弯取直会破坏河流原貌，对生态带来影响。二要宽窄适宜。天然的河流因为宽窄变化和转折弯曲，会产生漩涡，形成深潭和浅滩。深潭在丰水期是洪水消能之处，在枯水期又是水生生物生存繁衍的天然场所。浅滩则是典型的湿地，既能体现应有的功能，又能令人感受到大自然的美丽造化。三要高低适宜。不少河道溪流缺乏美感，问题就出在堤坝的高度把握上。堤坝一高，硬化就不可避免，占地多、投资大、亲水性也差。中小河流堤坝可建得略低，但要建牢，洪水来时允许漫顶过坝，但不能垮塌。四要粗精适宜。流域上游建设尽量以粗犷为首选，利用自然资源条件顺势而为，体现原生美。下游特别是人口集聚河段，要注意做得精致些并融入人文，有条件的可建亲水设施、沿河绿道，展现河流美感，吸引人们憩息。在河道绿化过程中，注重多用本地树种，多保护自然滩林，多顾及杂草自然生长。如不顾客观实际过度"造景"，则既毁坏生态河流原貌，又影响整体视觉美感。

现实当中，不少地方为了行洪或造地需要，往往对河流不做深入分析论证，人为地裁弯取直，建设左右对称、头尾封闭、又高又硬的堤防。而且工程所到之处，滩林被砍、滩地消失，河道变成了"渠道"，洪水归槽，水位不断上涨，不仅影响行洪防洪功能发挥，而且导致自然生态难以修复。在水生态保护、水环境治理过程中，一定要尊重自然，按规律办事。对形态尚好的河流，尽量予以保护和维系；对已受损的河段，尽可能努力修复，展示其自然生态风貌。

第四节　发展生态循环农业

生态循环农业，运用可持续发展思想、循环经济理论和生态工程学方法，以减量化、再利用、资源化为原则，以资源高效循环利用和生态环境保护为导向，通过调整和优化农业生态系统内部的生产、消费结构，建立起促进农业经济增长与生态环境质量提高的动态平衡机制，旨在减少资源消耗和环境污染，实现农业经济活动与生态良性循环的可持续发展。生态循环农业具有资源投入高效化、生产过程清洁化、废物利用循环化、环境影响无害化等特点。我们既要着眼长远、统筹谋划，又要立足当下、积极推进。

一、转变生产方式，打牢源头基础

一是培育实施和带动主体。鼓励种养大户、家庭农场、农民专业合作社发展生态循环农业，进一步引导和支持工商企业、民间资本、社会力量投资生态循环农业开发，加快形成以农业龙头企业为主导、农民专业合作社为纽带、专业大户和家庭农场为基础、社会力量为补充的生态循环农业组织体系。二是改善农业生产条件。支持发展设施农业，鼓励利用丘陵山地、沿海滩涂等发展设施栽培，扩大基质栽培、喷灌滴灌、肥水同灌等节地节水节肥设施应用，提高土地利用和产出效率。加大节能降耗先进适用农机具的应用力度，综合运用工程、农艺、生物等措施，提升耕地质量，加强农田水利基础设施建设。三是大力推进清洁生产。优化农作物用肥结构，积极推进测土配方施肥，鼓励增施有机肥，控制和减少化肥用量，提高科学施肥水平。提高高效、低毒、低残留农药应用力度，积极推进农作物病虫物理和生物防治，减少农药用量。扩大农业标准化技术覆盖面和到位率，培育壮大无公害农产品、绿色食品和有机食品产业，提升农产品优质化、绿色化水平。四是推进农作制度创新。坚持用地与养地相结合，探索建立休耕制度，积极实施保护性耕作，保护农业生物多样性。大力推广农牧结合、粮经轮作、水旱轮作等实用、高效、生态的农作制度，改良农田自然生态系统。

二、优化产业结构，提高综合效益

根据产业相互融合、物质多级循环的要求，重点培育好生态循环农业的重点产业。一是合理布局发展生态畜牧业。按照种养结合、废物利用、资源循环、协调发展的思路，划定畜禽禁养区、限养区范围，科学规划种养业布局和畜牧业总量规模。以规模化、生态化为方向，大力推广农牧结合的生态养殖模式，实施规模养殖场标准化改造提升，促进畜禽排泄物向集中治理转变，提高资源化利用水平。二是大力发展生物质产业。以农业废弃物资源化利用为重点，积极推进废弃物肥料化、基地化、饲料化、燃料化利用，做大做强生物质产业。优化食用菌产业结构，大力发展草腐类食用菌，促进农作物秸秆综合利用。积极开发生物质能源，加快推进秸秆固化、气化，培育以农作物秸秆为主要原料的生物质燃料、肥料、饲料等产业。大力发展农村沼气产业，以大中型沼气工程、户用（联户）沼气池为载体，促进农作物秸秆、农产品加工下脚料、农村生活污水、人畜粪便等的无害化处理和资源化利用。三是加快发展农产品精深加工业。引导农产品加工企业通过产业合作、资产重组等形式，提升规模和档次。鼓励利用农产品加工下脚料和农业废弃物，开发生物蛋白、生物饲料和生物原料，促进农产品多级利用，减少加工环节的浪费和废物排放。推进农产品加工园区建设，促进具有上下游共生关系的农副产品加工废弃物在园区内的闭路循环和综合利用。

三、推进科技创新，强化技术支撑

一是完善技术标准体系。根据生态循环农业的不同模式，加快形成集产地环境、生产过程、产品质量、加工包装、废物利用、经营服务于一体的标准体系和技术规范，建立生产、管理和服务有机结合的绿色技术支撑体系，使生态循环农业发展真正有标可依、有章可循。二是加强技术集成攻关。突出生态循环农业发展关键领域和核心环节的技术攻关，重点在节约资源和保护环境的生态农业技术、立体复合的农作制度、农产品精深加工技术、废弃物综合利用技术、相关产业链接技术以及可再生能源开发利用技术上有新突破，使生态循环农业技术涵盖整个生产过程。依托农业科技创新平台，积极推进技术集成配套，形成传统实用技术与现代信息工程技术、生物工程技术、环境工程技术等有机结合的技术体系，为生态循环农业持续发展提供支撑。三是加强技术应用推广。分级分类开展技术培训，扩大生态循环农业技术的覆盖面。鼓励和支持基层农技人员以农业创新天地、科技示范场、农技推广项目等为载体，开展生态循环农业技术的试验、示范。深入实施新型农民培育、绿色证书培训和科技入户等，以专业大户、家庭农场、合作社、农技服务组织技术骨干和"农创客"等为重点，加快培育一批生态循环农业科技带头人，带动生态循环农业技术的应用示范和辐射推广。

四、完善经营服务，落实组织保障

生态循环农业涉及产前、产中、产后各领域，具有跨产业、跨主体等特点，健全生产经营服务是支撑其健康发展的重要内容。一要强化农业生产专业化服务。鼓励和支持科研机构、技术人员和专业组织，通过承包服务、委托管理、技物结合等方式，开展农资供应、肥水管理、病虫防治等专业化服务，提高先进适用技术的到位率。二要强化农业废弃物再利用服务。按照政府支持、市场化运作的思路，积极鼓励社会力量创办提供农业废弃物再利用服务的专门机构，开展废弃物收集处理、有机肥加工制造、农产品加工废物综合利用、农业废旧设施回收利用等服务，逐步完善服务网络和产业化经营机制，为跨区域、跨产业的生态循环农业发展提供有效和便捷的服务。三要强化农村沼气服务。按照服务专业化、管理物业化的原则，鼓励沼气建设企业、农户等通过协会领办、个体承包、股份合作等多种运行机制，创建农村沼气服务组织，建立乡村沼气服务网点，为沼气用户提供建池施工、技术指导和运行维护等服务。

第五节　保护海洋生态

海洋是地球的资源宝库、生态屏障，具有开放性、流动性、末端性等特点。海洋生态环境既受地理区位、自然条件等因素的影响，又与人类活动、管控水平密切相关。我国海域辽阔，海岛众多，海岸线漫长，沿海地区许多农（渔）民生活在海岛，与大海为伴。保护海洋生态环境，既是实现人海和谐共生的根本要求，也是推进沿海乡村振兴的应有之义。

一、筑牢海洋生态安全屏障

贯彻人与自然和谐共处的基本方略，按照陆海统筹、人海共生的原则，充分尊重海洋自然属性，顺应海洋自然规律，坚持开发和保护并重，污染防治和生态修复并举，在科学保护的基础上合理开发利用海洋资源，维护海洋自然再生产能力。以实现海洋生态环境质量的整体提高为根本，以维护海洋生态系统为导向，以海洋资源环境承载能力作为刚性约束，科学划定和实施海洋空间红线。构建以重要生态功能区为基础，以海岸线为轴，以生态保护红线、海岛（链）等为支撑骨架的海岸带生态安全格局。以海洋基本功能区规划为基础，形成与资源环境承载能力相适应的开发利用布局。加强海洋综合管理，实行海洋、海水、海岛、海滩、海岸的系统协同保护，努力实现"水清、岸绿、滩净、湾美、物丰"的美丽海洋目标，满足人们对碧海蓝天、洁净沙滩、放心海产品的需要。

二、划定海洋生态保护红线

国家明确要求实施海洋生态保护红线制度，确保沿海各省（区、市）海洋生态红线区面积占所管理海域总面积的比例不低于30%。要将重要海洋功能区、生态敏感区和生态脆弱区划定为海洋生态红线区，着重保护重要岸线、特殊海岛、重点滨海湿地、珍贵自然景观与历史文化遗迹、珍稀濒危生物物种等。切实加强红线区管理，在建设项目环境影响评价、排污许可、入海排污口设置等方面严格落实管理要求，严守海洋生态空间面积不减少、性质不改变、功能不退化的底线，维护海洋生态系统的稳定性和功能性。

三、强化海域管理和海岸线保护

依据海洋空间规划，加强海域尤其近岸海域的管理。实施最严格的围填海管理，取消区域建设用海、养殖用海制度。除国家批准的重大建设项目、公共基础设施、公益事业和国防建设四类用海外，原则上不再审批一般性的填海项目。严格海域使用论证评审，实施围填海"空间"和"用途"双重限批，进一步加强围填海事中、事后监管。制订海洋自然岸线保护计划，将自然岸线保有率纳入工作考核，不达标的一律不得新申请用海。制定出台海域使用权转让等管理办法，开展海域资源资产化管理试点，从政策和收费标准上从紧从严加强海域管理和岸线保护。

四、加强海岛保护与生态修复

发布海岛保护名录，推进海岛生态与发展水平评价、物种登记和领海基点岛礁修复。突出生态保育、景观修复、宜居宜游、权益维护，改善海岛生态环境和基础设施，恢复受损海岛的地形地貌和生态系统。依法保护和管理海岛生物物种，开展珍稀濒危物种栖息地修复。进一步加强滨海湿地保护，因地制宜在浙江以北滨海区域修复以芦苇、碱蓬、柽柳为主的湿地植被；在浙江省及以南滨海区域，修复以红树林、海草、盐沼植物为主的湿地植被。鼓励通过受损海域修复等方式，将部分建设用海空间转化为滨海湿地并实施有效保护。发布重点保护滨海湿地名录，出台管理办法，对重点湿地实施保护和监管。

五、维护海洋生物多样性

丰富的水生生物资源和良好的水域生态环境，是维护水生态系统的核心。科学划定和坚决落实海洋限捕、禁捕区域，执行国家统一的伏季休渔制度。持之以恒清理取缔涉渔无船名船号、无船舶证书、无船籍港的"三无"船舶，清缴违禁渔具，严厉查处偷捕违法案件。推进海上渔船减量转产，切实降低捕捞能力，扩大限额捕捞试点，强化对幼鱼资源的保护。浙江省率先开展"一打三整治"（即打击涉渔"三无"船舶及其他各类非法行为，整治"船证不符"渔船、禁用渔具、海洋环境污染），取得显著成效并在全国推广。全面清理非法养殖，减少和治理因网箱养殖、围涂养殖、工厂化养殖带来的污染，积极发展生态轮养、循环水养殖、净水渔业，把海水养殖场建设成为美丽渔场、海上景观。有序加大海洋水生生物苗种增殖放流力度，促进海洋生物资源修复。坚持生态优先、开发和保护并重，推动海洋牧场建设。加强海岛海港生态环境整治，开展油污水、废弃网具、生活垃圾等的集中处理和港域清理，既有效减少对海洋生物的不利影响，又有助于打造生态良好、环境优美、魅力独特的海上美丽渔港。

六、陆海联动加大污染治理力度

以近岸海域水质考核、总量控制为抓手，加强陆海统筹、河海并治、区域联动，实施海域污染综合治理。突出重点海域和典型近岸，健全污染总量控制制度。强化入海河流监管，实现近岸海域、陆上污染源防控的衔接一致。全面摸排入海排污口，加强监测和监管，清理不合理设置的排污口，严厉打击非法偷排行为。防控因海洋石油勘探开发和海上运输等而引发的次生污染，加强海上废弃物倾倒过程的跟踪监测和监督管理，提高废弃物减量化、无害化、资源化处理能力。加大整治临海重污染高能耗行业的力度，抓好减排计划的落实，加快传统块状经济向现代产业集群转型。加强陆海污染源的调查和控制，推行"湾长制""滩长制"等制度，分层分级落实监管责任。

海水是流动的，海洋是连通的。要积极参与全球海洋治理，打造海洋利益共同体。提升我国在国际协定政府间谈判中的话语权，参与深海、极地、海洋保护和海洋垃圾、海洋脱氧等议题的国际规则制定。加强以海洋为主题的国际合作，妥善处理海洋争端。与相关各方共建蓝色伙伴关系，推进21世纪海上丝绸之路建设。做好国际海底合作区资源勘探开发、新资源探矿和公海保护区调查、深海环境监测与保护，为全球海洋生态环境的保护和资源的有效利用贡献中国智慧。

第六节　治理乡村污染

随着工业化、城镇化的推进，乡村在经济得到发展、住房更为宽敞、出行更加方便的同时，也面临废弃物剧增的问题和日益严重的环境污染压力。要积极创造条件，加大乡村工业污染和建筑垃圾整治，实现农村生活污水、生活垃圾集中处理基本覆盖，有效减少种植养殖面源污染，全面推进乡村环境治理。

一、整治乡村工业污染

在发展过程中，乡村工业"低小散差"的情况是客观存在的。曾经，"黑烟滚滚""扬尘飞舞""污水横流""垃圾遍地"就是乡村加工制造业的代名词。必须下决心整治工业污染，实行"培育一批领跑企业、提升一批较强企业、集聚一批小散企业、消减一批危重企业"的思路和举措，开展工业特色产业集群转型升级，鼓励中小企业集中进入工业园区，加快高耗能、高污染企业关停并转，坚决破除低端制造、传统加工的路径依赖，恢复和保护乡村的绿水青山，实现可持续发展。

二、减少乡村建筑垃圾

进一步完善小城镇和乡村建设规划，科学确定城乡开发强度，优化村庄和人口空间布局，全面推进乡村生态人居、生态环境建设。大力推行绿色建筑，倡导使用节能、节水新技术、新工艺、新型墙体建材和环保装修材料，开展现有建筑的节能节水节材改造。合理引导农民的建房需求，不搞脱离实际的高楼大院，不搞缺乏特色的过度装修，不搞花样翻新的重复建设。下大决心拆除小城镇和乡村违法建筑，大力推进旧住宅区、"城中村"、旧厂区改造提升，有效整治城乡环境"脏乱差"现象，打造干净整洁、生态宜居、充满活力的风情小镇和美丽乡村。

三、防控农业种养污染

为了提高土地产出率，增加农业的产量，我们在较长时间里采用一年多熟的种植方式，大量地使用化肥和农药等，超出了土地的承载能力，造成种植业污染加剧。养殖业同样如此。因此，要持续推进化肥农药减量增效行动，提高农业投入品效用，加大农田残膜和肥药废弃包装物回收处理的力度，减少农业投入品带来的污染。调整优化畜牧业布局，严格执行禁养、限养制度，对规模化养殖场进行标准化改造。全面禁止秸秆焚烧，减少农村废气污染。推行循环水养殖，减少尾水排放，深化水产养殖污染治理。大力倡导和鼓励发展种养结合、农牧结合的生产方式，促进农业废弃物的资源化循环化利用。要树立"放对了地方是资源、放错了地方是污染"的理念，鼓励和支持不同形式的农业生产经营主体加强对接互通，拓宽资源化利用的渠道，提高实际使用效率。浙江省湖州市吴兴区农民创造的"稻草换羊粪"模式，既找到了处置水稻秸秆和羊群排泄物的出路，有效防控了农业面源污染，又让稻田追加了农家肥，且羊群得到了饲料，降低了生产成本，还提升了农产品的品质，可谓是一举多得。

四、清理乡村生活污染

全面加强城镇和村庄污水处理能力和配套管网建设，提高污水处理率和达标排放率。对城镇周边和平原人口密集的乡村，实行就地纳管处理；广大农村则可采取生物滤池、微动力"厌氧+人工湿地"、一体化净化设施等方式处理生活污水。建立和完善污水处理设施第三方运行机制，全力提升乡村生活污水截污纳管和运维管理水平。培养村民的垃圾分类习惯，采取可行的分类方式，推进农村垃圾分类和综合利用，实现"户装、村收、镇运、县处理"全覆盖。以中心村为重点，扩大农村垃圾分类减量化试点，着力拓展成果，实现生活垃圾分类收集、定点投放、分拣清运、回收利用。加强对乡村污泥从产生、运输、储存到处置的全过程监管，提高污泥无害化处置率。强化"门前三包"、分区包干、定责定酬、考核兑现，建立健全村庄环境卫生的长效保洁机制。

第五章　乡村产业体系建设

产业振兴是乡村振兴的基础。构建乡村产业体系，要围绕全面建成小康社会目标和"四化同步"发展要求，坚持以农为本、协调联动、融合发展，以全面提高乡村人口承载力、产业竞争力和可持续发展能力为方向，充分利用农村特有的资源优势、人文条件、生态风光，以现代农业为基础，借鉴和运用工业化理念和方式，加快农村一二三产业融合，大力发展新产业、新业态，形成适应市场需求、产业链完整、功能业态多样、利益联结紧密、产村融合协调的发展格局。

第一节　现代种养业

种养业是乡村的主体产业，是乡村基础价值的体现。现代种养业发展，要超越传统农业单一粗放的生产经营方式，按照农业供给侧结构性改革要求，在确保国家粮食安全的基础上，紧紧围绕市场需求变化，以提高农产品供给质量为主攻方向，优化产业产品结构，统筹调整粮经饲种植结构，发展规模高效种养业，做大做强特色优势产业，优化区域布局，全面提升质量安全水平。

一、粮食产业

粮食产业是稳民心安天下的基础性战略性产业，而且水稻生产兼备湿地功能、生态价值。稳定粮食生产、发展粮食产业，提高粮食供给质量、确保粮食安全，是构建乡村产业体系的基础和基本任务。

稳定提高生产能力。深入实施藏粮于地、藏粮于技战略，落实最严格的耕地保护制度。划定粮食生产功能区，做好所有地块建档立册、上图入库，实行信息化精准管理，推行功能区内经营用地承诺制。实施好标准农田质量提升和粮食生产功能区提标改造，努力改善农田质量条件，提升地力。

优化生产结构。稳定水稻、小麦生产，确保口粮绝对安全，重点发展优质稻米、强筋弱筋小麦，调减非优势区籽粒玉米，增加优质食用大豆、薯类、杂粮杂豆等。大力推进良种制（繁）种及基地建设，充分调动农民生产水稻、小麦良种的积极性，稳定水稻、小麦生产种源，扩大良种覆盖面。

扩大先进科技应用。推进统一育插秧、病虫害专业化统防统治、测土配方施肥等适用技术推广，推广应用粮经结合、水旱轮作、农牧结合等高效农作制度和生态种养模式。推进粮食生产领域全程机械化，深化农艺农机融合。组织粮食作物高产创建、示范创建，发挥好示范创建引领作用。

创新规模经营机制。推进粮食生产功能区内连片集中流转土地，培育种粮大户、家庭农场、农民专业合作社（联合社）和社会化服务组织等新型主体，发展多种形式的粮食适度规模经营、全程机械化作业和社会化服务。实行储备粮生产订单计划，开展省际、产销区间、产粮用粮主体间合作，构建粮食全产业链，形成粮食开放合作新格局。

二、畜牧业

畜牧业发展事关食品有效供给、农业生态循环、农民持续增收。要按照生态优先、供给安全、结构优化、强牧富民的思路，稳定生猪生产，优化南方水网地区生猪养殖布局，引导产能向环境容量大的地方和玉米主产区转移，大力发展牛、羊等草食畜牧业。全面振兴奶业，引导扩大生鲜乳消费。大力推进畜牧业规模化、生态化、标准化、特色化和产业化发展，走出一条产出高效、产品安全、资源节约、环境友好的现代畜牧业发展之路。

用生态循环改造。依据资源禀赋和发展基础，完善产业布局和特色精品发展规划，加快推进农牧结合生态循环养殖。改造提升现有畜禽规模养殖场，提高畜禽排泄物资源化利用水平。对区域内畜产品产量、有机肥需求量、农村环境质量进行综合平衡，实现畜牧业与农业农村协调发展。

用规模经营提升。深入推进畜牧业标准化建设，提升规模化和特色化发展水平。通过机制创新和产业融合，建设一批区域优势突出、地方特色鲜明、集聚规模显著、标准化生产程度高、品牌经营强的特色精品产业。培育带动力、竞争力强的龙头主体和产销联合、利益共享的合作组织。

用科技创新支撑。引导研发畜牧业清洁化生产、排泄物资源化综合利用和重大动物疫病综合防控等新技术、新装备，培育畜禽新品种，研发新兽药、新饲料和饲料添加剂，加大先进适用技术示范推广力度。建成畜牧兽医主体地理信息系统，健全动物标识及动物产品追溯系统，提升畜牧兽医系统行业管理、监督执法和服务主体信息化水平。

用监管服务保障。完善动物防疫基础设施，充实基层监管力量，加强关键环节监管。探索建立政府补助、企业运行、保险联动的病死畜禽无害化处理新机制，探索其他畜禽的保险联动机制，确保不发生区域性重大动物疫病、重大畜产品安全事故和流域性漂浮死猪事件。

三、渔业

渔业是水网地带乡村产业的重要组成部分。按照养殖业提质增效、捕捞业（国内）压减产能、远洋渔业拓展、一二三产业融合发展的方针，引领渔业转型升级。内陆地区大力推广循环水养殖（"跑道养鱼"）等节能减排、节地节水、环境友好型养殖模式；沿海地区发展浅海贝藻、鱼贝藻间养和全浮流紫菜养殖等碳汇渔业和深海网箱（围网）建设。实施鱼塘生态化改造、大水面增殖放流、稻鱼共生轮作减排等措施，划定水产养殖禁限养区，严厉整治乱用药、施肥养鱼、尾水直排等行为，降低养殖生产对水环境的负面影响。以渔业油价补助政策调整为契机，用市场化手段赎买渔船和功率指标，着力压减国内海洋捕捞产能，逐步实现海洋捕捞强度与渔业资源再生能力相协调。规范发展远洋渔业，积极稳妥库存鱿鱼等大宗远洋产品，持续增强远洋渔业市场竞争力和发展后劲。

四、优势特色产业

地方特色优势农产品具有显著的地域性，在乡村产业振兴中具有独特作用。要充分利用地域、品种、资源和文化优势，大力发展特色农业，把地方土特产和小品种做成带动农民增收的大产业。优化农业区域布局，以主体功能区规划和优势农产品布局规划为依托，科学划定蔬菜瓜果、茶叶蚕桑、花卉苗木、食用菌、中药材和特色养殖等产业重点发展地区，并与现代农业产业园、科技园、创业园紧密结合。开展特色农产品标准化生产示范，建设一批地理标志农产品和原产地保护基地。积极发展木本粮油林等特色经济林、珍贵树种用材林、花卉竹藤、森林食品等绿色产业。科学制定特色农产品优势区建设规划，建立评价标准和技术支撑体系，推动各地争创园艺产品、畜产品、水产品、林特产品等特色农产品优势区。

五、现代种业

种业是一个国家和地区农业核心竞争力的重要内容，也是振兴农业产业的基础。一要切实保障国家种业安全，加强杂种优势利用、分子设计育种、高效制繁种等关键技术研发，培育推广适应机械化生产、高产优质、多抗广适的突破性新品种，健全园艺作物良种苗木繁育体系，推进主要农作物新一轮品种更新换代。二要建设畜禽良种繁育体系，推进联合育种和全基因组选择育种，加快本品种选育和新品种培育，推动主要畜禽品种国产化。提升现代渔业种业创新能力，建设一批水产种质资源保护库、种质资源场、育种创新基地、品种性能测试中心。三要加强种质资源普查搜集保护与评价利用。深入推进种业领域科研成果权益改革，鼓励支持科研人员多方式参与企业研发，推进科研成果转化，培育壮大"育繁推一体化"现代种业企业，带动技术集成创新、优良品种推广，推进种植业、养殖业结构调整，通过产业发展带动农民增收致富。

第二节　乡村工业

推动农业现代化和加快乡村工业化是城乡关系协调发展的基本条件，两者相辅相成、互促互进。乡村工业发展要突出农业工业化方向、农民参与性导向、农村适应性取向，按照集群化、园区化、特色化、绿色化要求，优化结构布局，增强乡村工业对乡村产业的引领和支撑作用。

一、农产品加工业

农产品加工业连接工农、沟通城乡，行业覆盖面宽、产业关联度高、带动农民就业增收作用强。要适应市场需求变化和产业升级趋势，推动农产品加工业从数量增长向质量提升、要素驱动向创新驱动、分散布局向集群发展转变，促进农产品加工业持续稳定健康发展。

合理布局。根据全国农业现代化规划和优势特色农产品产业带、粮食生产功能区、重要农产品生产保护区分布，合理布局原料基地和农产品加工业。在大宗农产品主产区重点发展粮棉油糖加工特别是玉米加工，建设优质专用原料基地和便捷智能的仓储物流体系。在特色农产品优势区重点发展"菜篮子"产品等加工，推动销售物流平台、产业集聚带和综合利用园区建设。在大中城市郊区重点发展主食、方便食品、休闲食品和净菜加工，形成产业园区和集聚带。以县为单元建设加工基地，以村（乡）为单元建设原料基地。

因地制宜、初精结合。围绕农产品产后减损增收，建设商品化处理全产业链，重点改善农产品产后净化、分等分级、烘干、预冷、保鲜、包装等的设施装备条件，以及购置运输、称重、检化验、污水处理等的辅助仪器设备。建设田头收贮设施，购置收贮及处理设备，提升产后农产品贮藏保鲜能力。在大中城市郊区建设一批农产品精深加工示范基地，开发多元产品，打造产业发展集群。推动副产物循环利用、全值利用和梯次利用，提升副产物附加值。

加快发展绿色加工体系。加强国家农产品加工技术研发体系建设，建设一批农产品加工技术集成基地。大力发展绿色加工，引导建立低碳、低耗、循环、高效的绿色加工体系。支持农产品加工园区循环化改造，推进清洁生产和节能减排，引导企业建立绿色工厂，加快应用节水、节粮等高效节能环保技术装备。

二、饲料工业

饲料工业是联结种养的重要产业，既是种植产品的加工业，又是养殖业的投入品，为现代养殖业提供物质支撑。我国饲料工业经过 30 多年快速发展，迫切要求加快供给侧结构性改革，实现发展动能转换。

优化饲料工业布局。综合考虑养殖业发展趋势、环境资源禀赋、区位优势和现有产业基础等因素，区别加快发展区、稳定发展区、适度发展区，调整优化饲料工业布局，促进不同区域饲料加工业与种养业协调发展。

保障饲料原料供应。稳定蛋白饲料原料供应，适度增加油菜籽等其他品种进口，加强合成氨基酸新品种应用。建设现代饲草料生产体系，推广草料结合的全混合口粮和商品饲料产品。持续推进秸秆饲料化利用，促进农副资源饲料化利用。

发展安全高效环保饲料产品。加快发展新型饲料添加剂，稳定提高营养改良型酶制剂生产水平，加快研发新型酶制剂，加强药食同源类植物功能挖掘，开发饲用多糖和寡糖产品。研发推广安全环保饲料产品，发展能改善动物整体健康水平的新型饲料产品。

三、农机装备产业

农业机械装备是发展现代农业、推动乡村振兴的重要物质基础。我国是世界第一农机制造和使用大国，农机装备产业发展，要按照"自主创新、加速转化、提升产业、全面发展"的要求，以创新驱动促进产业转型升级为核心，以市场主导和政府引导相结合为手段，着力扩大产业规模，着力提升创新水平。

开发适用产品。适应农业生产规模化、精准化、设施化和全程机械化要求，优化农机产品结构。积极发展适合家庭经营需要的中小型、轻简化农机，形成高中低端产品共同发展格局。按照绿色化发展要求，开发生产高效节能环保、多功能、智能化、资源节约型农业装备产品。

提升制造水平。加大农业装备企业技术改造力度，应用精密成型、智能数控等先进加工装备和柔性制造、敏捷制造等先进制造技术。完善农机产品质量标准体系，实现动力机械与配套农具、主机与配件的标准化、系列化、通用化开发生产。

调整行业结构。完善产业组织结构，提升产业集中度和专业化分工协作水平。中小型企业走"专、精、特、新"发展道路，培育一批零部件加工企业；通过优化重组、兼并，形成整机核心部件均能全程自主生产的龙头企业。

四、肥料产业

肥料产业存在产能过剩、基础肥料品种发展不平衡、产品同质化严重、绿色有机肥料发展不足等问题。肥料产业发展要为农业绿色发展提供绿色无污染肥料，为农民提供个性化、多样化的套餐增值服务。推行测土配方施肥模式，在了解土壤养分等基本情况的基础上，有针对性地生产氮磷钾配比更科学、更符合土壤养分需求的肥料，同时把环境中蕴藏的养分充分利用起来。通过配方增加微量元素等方法，充分挖掘土壤微生物潜力，更好地发挥营养调控价值。充分利用植物秸秆、动物排泄物等有机质资源，通过物理形态改变、微生物发酵等方式，创新开发有机肥，并生产有机无机复混肥。适应农业专业化和社会化服务发展要求，肥料企业向后延伸服务，发展测土配方施肥、水肥一体化、施肥机械化等精准化便利化服务。

五、农药产业

现代农药已步入超高效、低用量、无公害的绿色农药时代，新种植形态和生态理念对农药发展及其应用提出更高要求。要根据新的《农药管理条例》及我国农药行业发展现状，推动农药产业高质量发展。

优化产业布局。加快农药企业向专业化园区集中，降低生产分散度。强化行业监管，健全公平公正行业准入政策，制止低水平重复建设，建立和完善重污染企业退出机制。组建大型农药企业集团，培育有国际竞争力的企业。

深化品种结构调整。支持高效、安全、经济、环境友好的农药新产品发展，推动农用剂型向水基化、无尘化、控制释放等高效、安全的方向提升，发展用于小宗作物的农药、生物农药和用于非农业领域的农药新产品、新制剂。

强化创新驱动。建设农药技术创新体系，加强共性关键技术和技术集成开发。加快成果转化，重点突破"三废"处理关键技术、环保型剂型开发技术、基于农药药物传递系统的环保农药剂型开发共性技术等。

第三节　乡村服务业

乡村服务业是指服务于农业再生产和农村经济社会发展，通过多种经济形式、多种经营方式、多层次、多环节发展起来的一大产业，是现代服务业的重要组成部分。要适应乡村产业的兴旺需求和农村居民日益增长的美好生活需要，在加强政府公益性服务的基础上，积极培育经营性服务组织，鼓励种子、农机、农药生产企业延伸服务链，拓展服务内容，规范服务行为，推动乡村服务产业有序、健康、快速发展。

一、农资配送服务

农资配送服务包括作物与畜禽水产种子种苗、化肥、农药等的配送服务。在种子种苗方面，由服务组织与"育繁推一体化"种业企业合作，在良种研发、展示示范、集中育秧（苗）、标准化供种、用种技术指导等环节向农民和生产者提供全程服务；开发包括种子供求、品种评价、销售网点布局等信息在内的手机客户端，为农民科学选种、正确购种提供服务；开展种子种苗、畜种及水产苗种保存、运输等物流服务。在肥药方面，积极发展兽药、农药和肥料连锁经营、区域性集中配送等供应模式。开展青贮饲草料收贮，推广优质饲草料收集、精准配方和配送服务。特别要重视发挥供销合作社在农资供应和资源配送上的主渠道优势，优化农资配送服务方式。供销合作社可在有条件的农民合作社设立农资供应网点，加强农资物联网建设与应用；与农民专业合作社、农产品行业协会等协作，开办"庄稼医院"，建立智慧农资网络，承担政府向社会力量委托或购买的相关公共服务，提供农资配送等服务。

二、农技推广服务

农技推广服务涉及农民千家万户对粮食等大宗生产技术、公共性技术的需求，一般由政府农业公共服务机构直接提供或通过购买服务的方式由经营性服务机构提供。在作业内容上，开展深翻、深松、秸秆还田等田间作业，集成推广绿色、高产、高效技术模式。采用测土配方施肥、有机肥替代化肥等减量增效新技术，推进肥料统供统施服务，加快推广喷灌、滴灌、水肥一体化等农业节水技术。推广绿色防控产品、高效低风险农药和高效大中型施药机械，以及低容量喷雾、静电喷雾等先进施药技术，推进病虫害统防统治与全程绿色防控有机融合。

动物防疫服务组织、畜禽水产养殖企业、兽药生产企业、动物诊疗机构和相关科研院所等各类主体，提供专业化动物疫病防治服务。促进公益性农技推广机构与经营性服务组织融合发展，基层农技推广机构通过派驻人员、挂职帮扶、共建载体、联合办公等方式，为新型经营主体和服务主体提供全程化、精准化和个性化指导服务。探索农技人员在履行好岗位职责前提下，通过提供增值服务获取合理报酬的新机制。构建农技推广机构、科研教学单位、市场化主体、乡土人才、返乡下乡人员等广泛参与、分工协作的农技推广服务联盟，实现农业技术成果组装集成、试验示范和推广应用的无缝连接。

三、农机作业服务

推进农机作业服务领域从粮棉油糖作物向特色作物、园艺作物、养殖业生产配套拓展，服务环节从以耕种收为主向专业化植保、秸秆处理、产地烘干等农业生产全过程延伸。加快应用基于北斗系统的作业监测、远程调度、维修诊断等大中型农机物联网技术，农机作业服务主体可利用全国"农机直通车"信息平台，及时掌握需求信息，加强信息交流，提高跨区作业服务效率。积极发展农机具维修服务，有效打造区域农机安全应急救援中心和维修中心，以农机合作社维修间和农机企业"三包"服务网点为重点，推动专业维修网点转型升级。在粮食生产功能区、重要农产品保护区、特色农产品优势区，支持农机服务主体以及农村集体经济组织等建立集中育秧、集中烘干、农机具存放等设施，为农户提供一站式服务。

四、农业生产托管

农业生产托管是农户等经营主体在不流转土地经营权的条件下，将农业生产中的耕、种、防、收等全部或部分作业环节委托给服务组织完成或协助完成的农业经营方式，是多方面服务的综合体，是服务型规模经营的主要形式，具有广泛的适应性和发展潜力。总结推广土地托管、代耕代种、联耕联种、农业共营制等托管形式，把发展农业生产托管作为推进农业生产性服务业、带动普通农户发展适度规模经营的主推服务方式，采取政策扶持、典型引导、项目推动等支持推进措施。

五、农业废弃物资源化利用服务

鼓励通过政府购买服务的方式，支持专业服务组织收集处理病死畜禽。在养殖密集区推广分散收集、集中处理利用等模式，推动建立畜禽养殖废弃物收集、转化、利用三级服务网络，探索建立畜禽粪污处理和利用受益者付费机制。加快残膜捡拾、加工机械和残膜分离等技术装备研发，积极探索生产者责任延伸制度，由地膜生产企业统一供膜、统一回收。推广秸秆青（黄）贮、秸秆膨化、裹包微贮、压块（颗粒）等饲料化技术，采取政府购买服务、政府与社会资本合作等方式，培育一批秸秆收储运社会化服务组织，发展一批生物质供热供气、颗粒燃料、食用菌等可市场化运行主体，促进秸秆资源循环利用。

六、农产品流通交易服务

加强产地批发市场建设，培育现代农业物流中心，在巩固提高现有大中型批发市场的基础上，探索绿色农产品直供、连锁配送、定点销售等营销机制，提供农产品预选分级、加工配送、包装仓储、信息服务、标准化交易、电子结算、检验检测等服务。完善农产品物流服务，推进农超对接、农社对接，利用农业展会开展多形式产销衔接。支持有资质的服务组织开展农产品质量安全检验检测，推动检测结果互认，提供准确、快捷的检测服务。基层农产品质量安全监管机构提供追溯服务，指导主体开展主体注册、信息采集、产品赋码、扫码交易、开具食用农产品合格证等业务。以整合开发现有农业信息资源和健全农业信息服务体系为重点，建立延伸至农业龙头企业、农产品批发市场、中介组织和经营大户的信息网络，加强市场购销、价格等信息采集、分析和发布，建立健全市场引导生产、推动农业结构调整的机制。

七、提升乡村服务业水平

搭建统一高效、互联互通的信息服务平台，加快建设和汇集各类农业重要基础性信息系统，为生产主体提供农产品生产状况、市场供求走势、资源环境变化、动植物疫病防控、产品质量安全以及服务组织资信等信息服务。全面实施信息进村入户工程，支持各类服务组织参与益农信息社建设；共用共享农村各类经营网点资源，为农民和新型主体提供公益服务、便民服务、电子商务和培训体验等服务。积极拓展服务领域，为农业农村发展提供基础设施管护、小额资金信贷等服务。

健全乡村服务业标准体系，针对不同行业、不同品种、不同服务环节，制订服务标准和操作规范，加强服务过程监管，引导服务主体严格履行服务合同。建立服务质量和绩效评价机制，有效维护服务主体和服务对象的合法权益。将农业服务领域信用记录纳入全国信用信息共享平台。

着力规范服务行为，大力推行专项服务"约定有合同、内容有标准、过程有记录、人员有培训、质量有保证、产品有监管"模式，提高服务标准化水平。统筹和整合基层农业服务资源，搭建集农资供应、技术指导、动植物疫病防控、土地流转、农机作业、农产品营销等服务于一体的区域性综合服务平台，集成、应用、推广先进适用技术和现代物质装备，不断提升综合服务的集约化水平。

第四节　乡村建设中的新产业

新产业、新业态是现代生产技术及管理要素与产业深度融合和创新的产物，遵循一二三产业融合、产业链延伸、农业多功能拓展创新路径和生成机理，通过要素聚合、叠加衍生和交互作用生成新的经济形态，创造出新产品、新服务供给和增量效益。要充分发挥农村自然资源、生态环境、民俗文化和特色产业等的优势，培育壮大新产业、新业态，为农村经济发展、农业转型升级和农民创业增收注入持久活力。

一、休闲农业

休闲农业利用田园景观、自然生态及资源条件，结合农林渔牧生产经营活动、农村文化及农家生活，为民众提供休闲娱乐，增进民众对农业及农村生活的体验。休闲农业兴起于二十世纪三十四年代的意大利、奥地利等地，随后迅速在欧美国家发展起来。近年来，随着人们生活水平的提高，我国休闲农业发展势头强劲，有些地方呈"井喷式"增长。从休闲农业特点和当前态势看，应重点在以下几个方面下功夫。

类型丰富和产业集聚。依托农业主体产业，开发好"花""果""农"等特色资源，延伸开发农业生产功能，配套服务设施，突出休闲性，增强参与性，使自然风光与农业生产融为一体。打造一批美丽田园，提高农业综合效益。支持经营主体协作联合，打造精品线路、特色产业带和优势产业群，推动休闲农业资源共享、优势互补、信息互通、利益互惠和产业集聚。

创意设计和融合发展。注重休闲农业资源整体开发，强化农业产品、农事景观、环保包装、乡土文化和休闲农业经营场所的创意设计，打造一批集农耕体验、田园观光、教育展示、文化传承于一体的休闲农业园。开发具有地方特色的休闲产品，推进农业与文化、科技、生态、旅游的融合。

生态保护和规范管理。处理好保护和开发的关系，利用荒山、荒坡、荒滩、废弃矿山等发展休闲农业，利用山水、生态、人文等优势提升休闲农业内涵，加强生态环境和休闲农业经营场所管理。

营销宣传和助推发展。健全休闲农业信息发布与交流平台，创新休闲农业与乡村旅游营销方式。发挥互联网、报刊电视广播等媒体的作用，有重点地进行宣传推介。以优势产业为基础，推出特色农事节庆活动，举办休闲农业专场推介会等活动，扩大休闲农业与乡村旅游的知名度和影响力。

二、智慧农业

智慧农业集互联网、移动互联网、云计算和物联网技术于一体，依托农业生产现场的各种传感节点和无线通信网络，实现农业生产环境的智能感知、智能预警、智能决策、智能分析、专家在线指导，为农业生产提供精准化种植、可视化管理、智能化决策，从而使农业具有"智慧"。智慧农业应重点对农业生产经营和管理活动进行改造，使之呈现新业态。

升级生产领域，由人工走向智能。在种养生产环节，构建集环境生理监控、作物模型分析和精准调节于一体的农业生产自动化系统，根据自然生态条件改进农业生产工艺，进行农产品差异化生产。在食品安全环节，构建农产品溯源系统，记录存储农产品生产、加工等过程的相关信息，通过食品识别号在网络上对农产品进行查询认证，追溯全程信息。在生产管理环节，将智能设施与互联网应用于农业测土配方、茬口作业计划以及农场生产资料管理等计划系统，提高生产效能。

升级经营领域，突出个性化、差异性营销方式。物联网、云计算等技术的应用，打破农产品市场的时空限制，实时监测和传递农资采购和农产品流通等数据，有效解决信息不对称问题。在主流电商平台开辟专区，拓展农产品销售渠道，龙头企业通过自营基地、自建网站、自主配送方式打造一体化农产品经营体系，推动农业经营向订单化、流程化、网络化转变，发展个性化与差异性的定制农业营销方式。

升级服务领域，提供精确、动态、科学的全方位信息服务。应用基于北斗的农机调度服务系统，通过室外大屏幕、手机终端等灵活便捷的信息传播形式向农户提供气象、灾害预警和公共社会信息服务。为农业经营者传播先进的农业科学技术知识、生产管理信息并提供农业科技咨询服务，提高农业生产管理决策水平，增强市场抗风险能力。

三、农产品电子商务

农产品电子商务是在农产品生产、销售、管理等环节全面导入电子商务系统，利用信息技术，收集发布供求、价格等信息，并以网络为媒介，依托农产品生产基地与物流配送系统，迅捷安全实现农产品交易与货币支付。建设好农村信息化基础设施。改善农村公路、物流、信息等基础条件，加快农村地区宽带网络和第四代移动通信网络覆盖步伐，针对农产品生产布局和季节性收获特点，合理规划建设集货、初加工、预冷、分拣、包装、仓储等基础设施。

打造农村电子商务公共服务平台。加强农产品产后分等分级、包装、营销，建设农产品冷链仓储物流体系，供销、邮政及各类企业把服务网点延伸到乡村，强化农村电子商务人才培训。

创新基于电子商务的农业产业模式。利用电子商务帮助农村地区从供给侧入手，发展数字农业，培育特色优势产业，通过电商大数据，改进生产经营模式，健全农产品产销稳定衔接机制。

优化农村发展环境。完善农村教育、医疗等与生活、创业相关的配套设施建设，吸引"城归""雁归""新农民"等群体返乡下乡，利用电子商务开展创业创新，让他们留得住、创得成、长得大。

四、创意农业

创意农业是把创意作为一种生产要素，将农业生产消费活动与文化创意活动相融合，拓展农业多种功能，提升农产品附加值的农业新型业态。要将创意农业作为农业战略性新兴产业加以培育，实现农业发展方式的转变，传承农业文化，促进社会文明。

推广多类型模式。创意农业是现代生物技术、工业技术、农业技术、信息智能技术等与经济、文化、习俗、生活习惯等融合的产物。借助不同地方各异的资源条件，依赖于创意主体的灵感和创作，总结推广园区建设、节庆会展、资源开发、区位利用、文化创造、空间拓展等多种模式，实现创意农业持续稳定发展。

培养多样化人才。依托高水平大学，培养一大批对文化有兴趣、有研究，对艺术审美有追求、有爱好，对农村、农民有感情的专业人才。对农业从业人员加强艺术、美术等专业知识培养，提高其艺术素养和美学欣赏、创造水平。

开拓新兴资源。促进传统农业文化资源的综合开发利用，通过创意将各种自然资源和人文资源、有形和无形的资源有效地转化为农业农村经济发展的资本，更多地依靠文化资本和社会资本等软性要素的驱动来实现农业农村经济发展方式的转变。用无限创意突破有限自然资源约束，促进农业农村经济增长向"软"驱动方式转变。

构建营销体系。完善促进创意农业发展的政策，以政府引导、政策支持、市场激励等方式，加快创意农业发展的资本市场建设。通过文化精品传播增强创意农业的吸引力和辐射力，赢得受众的认同。用文化创意来推动农产品品牌建设，使创意农业依靠富有文化内涵的农产品品牌，跳出价格竞争重围，占领市场。

五、品牌农业

品牌农业是指经营者通过相关农业类产品和服务质量认证，取得相应商标权，以加强质量管理和市场营销等手段提高市场认知度和美誉度，进而获取较高经济效益的农业。发展品牌农业，要坚持质量第一、效益优先，把品牌化经营理念、机制和手段全面引入农业生产经营全过程，着力构建农业品牌培育、管理、推广和保护体系，加快农业转型升级，促进农村产业兴旺。

强化质量育品牌。加快现代农业标准制（修）订，全面推行涵盖有管理制度、管理人员、生产记录、质量检测、包装标记以及质量追溯的"五有一追溯"农产品标准化生产管理模式。加强农产品产地环境净化和保护，推进绿色防控、健康养殖。全面实施规模食用农产品生产主体合格证管理制度，推进质量安全追溯体系建设，健全农产品产地准出与市场准入无缝对接机制，强化农产品质量全程有效监管。

强化主体树品牌。骨干农业企业加强科技创新，品牌农业企业做强品牌优势。龙头企业整合资源，各类生产经营主体联合协作，打造品牌农业建设利益共同体。挖掘农产品悠久历史文化内涵，发展历史经典农业。推进农产品区域品牌建设，加强区域品牌集体商标、证明商标注册，按照一个公用品牌、一套管理制度、一套标准体系、多个经营主体和产品的思路，健全品牌运营管理制度，打造农产品区域公用品牌。

强化营销拓品牌。建设有特色的区域公用品牌产地市场，以线上线下结合的方式，为农产品品牌构建完善的信息网络和物流体系。发挥各类展示展销平台的作用，推介品牌农产品。推动优质特色农产品进超市、进社区。加大品牌宣传力度，推进出口农产品品牌建设。发挥媒体舆论引导和价值传播的作用，推动媒体宣介与品牌建设联姻。

强化扶持护品牌。政府部门做好区域公用品牌建设规划布局，制定政策、标准以及相关管理规定，构建公平公正、法制健全、自由竞争的品牌发展环境。推动形成部门协作监督体系，强化授权管理和产权保护，严厉打击假冒伪劣产品，及时处理误导消费者、扰乱市场秩序的行为。综合运用政策工具支持补齐农业品牌建设短板，加大对区域公用品牌的扶持力度，撬动社会资本参与品牌建设。探索建立农业品牌目录制度，建立产品质量、知识产权等领域的失信联合惩戒机制，切实保护农业品牌形象。

六、产业化联合体

农业产业化联合体是龙头企业、农民合作社和家庭农场等新型农业经营主体以分工协作为前提，以规模经营为依托，以利益联结为纽带而建立的一体化农业经营组织联盟，是全产业链基础上乡村产业深度融合的有效载体。以产业化联合体为平台推进乡村产业融合，要坚持市场主导、农民自愿、民主合作、兴农富农的原则，培育发展一批带农作用突出、综合竞争力强、可持续发展的农业产业化联合体，为农业农村发展注入新动能。

发挥龙头企业引领作用。支持龙头企业建立现代企业制度，发展精深加工，建设物流体系，健全农产品营销网络，主动适应和引领产业链转型升级。鼓励龙头企业强化供应链管理，制订农产品生产、服务和加工标准，示范牵动农民合作社和家庭农场从事标准化生产。引导龙头企业发挥产业组织优势，联手农民合作社、家庭农场组建农业产业化联合体，实行产加销一体化经营。

突出农民专业合作社纽带作用。鼓励普通农户、家庭农场组建农民合作社，积极发展生产、供销、信用"三位一体"合作。引导农民合作社依照法律和章程加强民主管理、民主监督，保障成员的物质利益和民主权利，发挥成员积极性，共同办好合作社。支持农民合作社围绕产前、产中、产后环节从事生产经营和服务，引导农户发展专业化生产，促进龙头企业发展加工流通，使合作社成为农业产业化联合体的"黏合剂"和"润滑剂"。

注重家庭农场基础作用。按照依法、自愿、有偿的原则，鼓励农户流转承包土地经营权，培育适度规模经营家庭农场。鼓励家庭农场使用规范的生产记录和财务收支记录，提高经营管理水平。健全家庭农场管理服务，完善名录制度，建立健全示范家庭农场认定办法。鼓励家庭农场办理工商注册登记。引导家庭农场与农民合作社、龙头企业开展产品对接、要素联结和服务衔接。

深化成员间高效协作。坚持民主决策、合作共赢，农业产业化联合体成员之间地位平等。引导各成员充分协商，制订共同章程，明确权利、责任和义务，提高运行管理效率。探索治理机制，制发统一标识。鼓励农业产业化联合体依托现有条件建立相对固定的办公场所，以多种形式沟通、协商涉及经营的重大事项，共同制订生产计划，保障各成员的话语权和知情权。

完善利益共享机制。探索成员相互入股、组建新主体等新型融合方式。引导农民以土地经营权、林权、设施设备等入股家庭农场、农民合作社或龙头企业，采取"保底收入+股份分红"分配方式，让农民以股东身份获得收益。加强订单合同履约监督，建立诚信促进机制和失信警戒机制。强化对龙头企业联农带农的激励，探索将国家相关扶持政策与龙头企业带动能力适当挂钩。

第五节　加强乡村文化队伍建设

农村基层宣传文化工作的领域不断拓展、阵地不断扩大、任务日益繁重，迫切需要我们高度重视文化队伍建设。

一、加强教育培训，提升乡村文化队伍整体素质

"用人先育人"，教育培训是文化人才队伍建设的基础性工作。建设一支数量充足、素质优良、结构合理、规模宏大的乡村文化人才队伍，为乡村文化兴盛提供源源不断的人才支持。要针对实际需要，加大教育培养力度，努力培养一大批乡村留得住、用得上的人才。依托高校，探索订单式乡村文化人才培养模式。要整合各方资源，完善分级、分类、分工负责的培训机制，按需举办各类培训班，有针对性地提升乡村文化人才队伍素质。各级宣传文化部门要加强对乡村文化工作的指导，经常交任务、给支持、勤指点，让乡村文化工作者在岗位上锻炼成长，在实践中增长才干。要加大各级宣传文化单位之间的人才交流和挂职，通过在不同岗位的锻炼，既实现人才共建共享，又促进乡村文化人才提高解决各种实际问题的能力。注重通过上挂锻炼和组织赴先进地方进行学习、培训，使乡村文化人才不断开阔视野、增强本领。上级部门单位的文化业务骨干，要经常性地下基层开展业务指导，帮助乡村文化工作者提高能力素质。

二、落实专门人员，建好乡村文化队伍

要认真落实中央和地方各级党委、政府有关加强基层宣传文化队伍建设的文件精神，加强乡村文化工作力量配备，做到有人管事、有人办事。加强乡镇党委宣传委员配备，从实际出发配备宣传文化干事，宣传委员和宣传文化干事要以主要精力做好本职工作，确保乡村文化工作任务的完成。加强乡镇综合文化站专职人员配备，落实专门人员组织开展文化工作。进一步充实村级文化工作力量，落实专兼职文化管理员。有条件的县（市、区）可以聘用大中专毕业生担任村级文化工作指导员、协理员等，加强一线工作力量。通过设置服务期限、设定服务岗位、强化岗位责任、明确待遇报酬等制度，使受聘人员安心在基层工作，乐意为农民服务。

三、加强统筹整合，发展壮大社会力量

要重视对社会文化人才的培养与使用，挖掘、培养优秀民间文化艺术人才，打破体制、身份界限，一视同仁将他们纳入教育培训规划，列为人才工作服务对象。采取有效措施，制定配套政策，支持民间文化人才、文化能人发挥特长、施展才华，做到事业上扶持、艺术上指导、生活上关心、精神上鼓励，使他们更好地扎根乡村、传承文化、服务群众。保护、培养民间文化传承人特别是非物质文化遗产项目代表性传承人，一方面依靠民间文化传承人口传心授身教，延续民族民间文化的血脉；另一方面可在高校开设地方特色文化选修课，吸引更多的人做民间特色文化的继承人，推动"非遗"、民间文化的保护传承。要出台扶持政策，培育各类民间文化社团，扩大文化社团组织的范围和覆盖面，满足农民群众多样化的业余文化生活需要。要鼓励专业文化工作者和社会各界人士，包括学校教师、高校学生、离退休文艺工作者、热心公益的社会人士、个体文化经营者以及文化活动积极分子等，参与乡村文化建设，不断壮大文化志愿者队伍。

第六章　乡村文明的概念

第一节　人类文明的发展历史

在悠久的历史岁月中，发展是人类亘古不变的主题。文明是社会进步的状态。虽然从总体上看，人类文明一直在向前迈进，但在某一具体阶段，人类的发展有时是徘徊的，有时甚至是倒退的。回顾人类几百万年的发展历程，有助于我们掌握人类社会文明发展的基本规律；反思人类当前面临的处境，才能使我们正确把握未来的文明发展方向和途径。

一、文明

文明，在汉语中最早出自《周易》，《周易·贲卦·象传》中说："文明以止，人文也。"唐代孔颖达疏云："文明，离也；以止，艮也。用此文明之道，裁止于人，是人之文德之教。"可见，我国古代学者对文明的解释是人文教化的道理与方法。

从广义讲，文明是人类在征服、改造自然与社会环境过程中所获得的精神、制度和物质的所有产物。与野蛮相对应，文明是指人类社会的进步和开化状态，它反映了人类战胜野蛮的过程，也反映了人类社会的进步历程，它包括的内容和范围极其广泛，是一个大系统。英文用 civilization 表达，源于拉丁文 civis，意思是城市的居民，其本质含义为人民生活于城市和社会集团中的能力，引申指特定时期和地区的社会文明，具有总体性含义。从狭义讲，文明偏重文化含义，英文用 culture 一词，指国家或群体的风俗、信仰、艺术、生活方式及社会组织。从文化特性来看，任何一种文明的存在与其特定模式的构成，都是它所处的自然环境与社会环境互相"选择"的结果。因为区域社会生态系统不同，地理、气候的多样性加上生物的多样性必然带来多样性的文明。

文明的发展水平标志着人类社会生存方式的发展变化。事实上，任何一种社会发展，其最终指向都在于追求人类社会的更高级的生存方式，实现更高层次的文明状态。在考察研究社会发展规律与走向时，也可以把文明的概念界定为：人群在特定历史时期的生存方式以及居主导地位的主流价值观，这里所说的生存方式包括：生活方式、生产方式和组织方式。

文明代表着社会进步的状况，从人与自然的关系这一角度看，文明的发展是可以划分阶段的。虽然世界不同地区文化特色多姿多彩，文明发展进程有先有后，每个发展阶段有长有短，发展程度也各不相同，导致了人类文明的多样性和复杂性，但是世界文明发展的共同性也是明显的，是有共同规律可循的。如果以人类利用自然、改造自然的方式为核心来划分文明发展历程，时至今日，人类已经历了三大文明形态：原始文明形态——采集、渔猎文明；次生文明形态——农业文明；继生文明形态——工业文明。伴随着文明形态的更新，自然不断地被改变着，人类也不断地被改变着。文明反映着人类与自然的矛盾，只要文明存在，这对矛盾也就存在，但这对矛盾可以处于相对和谐状态，也可处于对抗冲突状态。要想力求这对矛盾的相对和谐，只有推进、改变文明。生态文明将是工业文明之后新的人类文明形态。回顾与反思人类文明发展的历史足迹，有助于我们更加深刻地了解生态文明是社会文明进步的必然产物，自觉树立新时代的生态文明观念。

二、乡村文明的概念

"乡村文明"既与新农村建设密切相关，又与新农村建设概念不同。

　　当前建设社会主义新农村，一个根本措施是统筹城乡发展，这是涉及我国经济社会文化生活各个方面的巨大系统工程，其中关键是要建立社会主义市场经济条件下平等和谐的城乡关系，以促进城乡经济社会的协调发展和城乡人民的共同富裕。

　　社会主义乡村文明则关涉以下四个层面的问题：一是面对人类遇到的重大问题，即当资源和环境问题严重影响到人类的生存时，人类应当寻求新的发展模式或现代化模式；二是中国能否探索一种适合国情特征的超越西方工业文明，并且具有创新内容的乡村现代化发展道路和乡村文明进步模式，以便为中国特色社会主义现代化的推进不断奠定基础；三是如何在当代中国农村、农业、农民问题不断积累的状况下，在传统农业向现代农业转变，传统农村向现代农村转变，传统农民向现代农民转变的过程中，处理好传统和现代的关系；四是在社会主义新农村建设的整体方略中，把农村作为工业化和现代化逐渐覆盖的领域，而避免农村的边缘化，空心化。通过乡村文明的继承、改造和创新，赋予新农村以深厚的文明内涵和特质，达到真正意义上的全面建设农村小康社会的目标。

　　以上四条社会主义乡村文明建设问题或命题的提出，是基于对世情、国情的考察，基于对党中央新农村建设方略的理解。

　　就世界各国而言，任何国家都有其发展面临的特殊性，既有历史的特殊性，又有现实的特殊性。作为世界上最大的发展中国家，中国也是如此，中国的农村在这一点上体现得尤为明显。首先，中国"人多地少"这一最显著国情就集中体现在乡村。其次，中国二元经济社会结构造成城乡发展不平衡、差别大，既存在与世界发达国家一样先进的现代文明城市，也存在落后的、交通及信息仍不发达还以小农经济为主的少数农村地区，并且曾经经历了几十年的计划经济体制。这些情况不但在西方国家不曾有过，就是在绝大多数发展中国家也是绝无仅有。再次，中国的传统文化在乡村根深蒂固，至今在相当一部分的乡村社区仍然生生不息，具有顽强的生命力，这一点也非常突出。最后，与乡村相对应，许多城市的发展面临着严峻的挑战。人口严重超负荷、基础设施承载能力跟不上发展要求等问题，使中国城市发展的辐射作用受到限制。这些方面决定了中国现代化特别是乡村现代化的特殊性。

乡村社会是由经济、政治、社会、文化和生态构成的一个有机整体。不论城市化、工业化如何发展，乡村社会永远都不会消失。当代乡村文明就是指社会主义乡村在现代化发展过程中经济、社会、政治、文化、生态各方面的全面进步，是物质文明、社会文明、政治文明、精神文明和生态文明的全面构建。是农村经济社会发展过程中农村居民在创造出日益增多的物质财富的同时，不断地增强认识世界的能力，促进科学、技术和人们思想道德水平的提高，建设有序的生态运行机制和良好的生态环境，从而形成的乡村社会全面发展与进步的状态。具体来说，就是人们在改造客观世界的实践活动中形成的有益成果，表现为物质生产方式和经济生活的进步，即物质文明；社会保障、社会管理、社会运行方面的健全机制，在社会交往和日常的社会世俗生活中的沟通和协调状态的发展，即社会文明；在改造客观世界的同时改造主观世界，形成的有益成果，表现为精神生活的进步即精神文明；在政治实践活动中形成的有益成果，表现为政治生活的进步即政治文明；同时，在乡村社会全面发展过程中环境保护和维护生态平衡形成的有益成果，表现为生态文明。"五个文明"互为条件、互为目的、互相促进，这可以被看作整个人类社会文明发展的普遍规律。因此，乡村文明的实质是乡村物质文明、社会文明、政治文明、精神文明和生态文明全面发展的文明，是乡村五个文明之间互相促进、共同发展的有机整体。"乡村文明"是当代乡村社会发展的进步形态和客观要求。

三、社会主义"乡村文明"是对传统"农业文明"的继承与超越

社会主义文明作为人类社会文明进程中不可逾越的辉煌阶段，既包括高度的物质文明、精神文明，也包括高度的社会文明、政治文明和生态文明。我国初级

阶段的社会主义文明建设，同样要经历由低级向高级的若干个发展阶段，在传承基础上发展，不可能一蹴而就。因而，社会主义文明建设也面临着从时代特征和国情实际出发进行科学定位的问题。如何进一步推动乡村经济社会全面发展，在城市化快速发展的同时推动社会主义乡村文明建设，这是体制转型期社会主义制度建设和文明建设给我们提出的基本任务。

（一）传统"农业文明"的基本特征

传统中国是一个古老的农业社会，这个沿袭了几千年传统的农业社会至今仍然对当代乡村社会的发展产生着影响。古代的中国是一个封闭的经济体系，绝大多数人口生活在乡村。生产单位是家庭，自给自足，世代相传。观念形态上重农抑商。价值形态上讲究尊古崇老，追求内圣外王。伦理上注重人伦关系和谐，讲究尊尊亲亲，社会等级制度分明。政治上是典型的皇权专制。需要指出的是，家庭在古代中国社会中担负着特殊的职能，在一定程度上，政治、经济、文化功能都通过家庭这个社会细胞体现出来。

1. 传统农业文明的经济特征

所谓传统农业就是指自然经济的农业。自然经济与现代经济的根本区别在于是否市场化或商品化。市场化或商品化是现代工业文明的内在动力机制，自然经济则不具备这个机制。由于生产的机制或动力不同，于是由生产方式决定的文化精神也就不同。自然经济条件下由于小农经济的规模小、生产率低，在满足基本消费以后，能够用来交换的剩余产品已很有限，所以商品化率很低。只要土地私有制存在，自给自足的生产方式就不会消失，小富即安就是这种生产方式的逻辑结果。中国的小农经济制度是以井田制为基础的乡里共同体农耕制度，以区域封闭性和血缘关系为基础。由于中国地大物博，气候条件适宜农业生产，加之四周是高原、沙漠和大海，与外界信息交流不畅，使中国的农业社会延续长久，同时也阻碍了中国农业社会的进一步发展。

2. 传统农业文明的政治特征

中国封建社会的政治制度是由族权、神权和皇权构成的封建宗法制，其中皇权专制超越了其他民族，在封建宗法制下，人与人之间等级森严。而这种等级地位不是由财产和个人能力决定的，它取决于先天命定的宗族血亲关系。这个特征虽然在自然经济社会中都或多或少地存在，但是在中国却尤为突出。统治阶级为维护宗法制度而构建了一套完备的礼制，即儒家所强调的三纲五常。经过长期的宣传和教化，中国的宗法礼制已经深入到了社会生活的各个层面，成为中国传统文化的主要内容。当然这本身也构成中国农业文明时代的文化特征。在中国，神权和族权都必须服务于皇权，否则就会受到皇权的打击。其根本原因在于数量庞大的小农经济。

3. 传统农业文明的文化特征

经济和政治制度是文化精神的基础。中国古代的文化精神以儒学的忠、孝、仁、义为核心，其根本特征是将政治礼教伦理化，力图使人对封建宗法制的服从变成一种习惯性的道德自觉。具体说中国古代农业文化具有如下特点。

重人轻物。在中国文化中，人始终是世界的中心。中国文化自诞生起，就对人生的价值目标和意义进行阐释，重点在于培养人的心性。因此，它既缺乏西方那种强烈的宗教情怀，也缺乏科学的探索精神。

重道轻器。就是重视精神，轻视物质，具体的表现就是重义理、轻利益，重社会、轻自然，重名节、轻身体，重主观、轻客观，重品德、轻才能等。

经世致用。与西方思辨哲学特点不同，中国文化具有浓重的现实精神。中国文化所推崇的道，是现实生活中关于人与人、人与社会之间伦理关系的理论概括，实际上就是忠孝节义、三纲八目等伦理规范。这些规范直接指导和制约着人的行为。其中一个突出表现就是对现实政治的关注。儒家教导人们学而优则仕，以从政做官来实现自己治国平天下的宏愿。另一个突出的表现和作用就是教导做不了官的平民百姓，以伦理纲常来约束自己的行为，达到社会的和谐与统一。为了实现经世致用的目的，中国传统文化尤其重视教育。

经验至上。由于先王崇拜和祖宗崇拜一直贯穿于中国历史，崇古唯上便是人们行动的准则，所以人们重视经验，轻视创新。由此也特别尊重老人，忤逆不孝就会受到社会的谴责。

压抑个性。中国传统文化主张天人合一、天人和谐。这里的天不仅是指外在的自然界，根本的是指社会现实，以及构筑这个社会现实的伦理准则，从而要求人们的行为和思想符合现实政治，符合政治现实所需要的伦理规范；传统的农业生产也需要统一协调，只要依据世代相传的生产经验就可以进行生产，根本不需要个性和创新。

政道合一。中国传统的文化高扬主体意识，关注政治现实，是与个人的道德修养紧密地结合在一起的。修身是为了治国平天下，而能够治国平天下者必然是有德行的人，也就是说讲道德是为了实现政治抱负，而政治也被赋予道德之中。

（二）当代中国"乡村文明"应该是传统与现代的融合

人们推进文明的进程，并不是随心所欲的，而是在既定的、从过去承继下来的历史条件中进行的。因此，人们要回避传统的社会政治经济文化因素也是不可能的，只有在社会经济发展和科学技术进步中不断改造它、变革它，才能不断地创新文明。社会主义的乡村文明，是在社会主义条件或社会主义制度下，以一定时期乡村经济发展为基础，社会全面进步为标志的乡村进步状态。建设社会主义的乡村文明就是指人们在改造客观物质世界的同时，不断克服改造过程中的负面效应，在乡村现代化进程中积极改善和优化人与自然、人与社会、人与人的关系；建设有序的物质、社会、政治、精神、生态方面成果的总和。但是，我国乡村文明的构建同样面临着如何对待乡村社会中传统与现代的关系问题。在乡村社会的现代化发展过程之中，传统因素与现代因素的冲突表现得十分明显。传统的以亲缘、血缘为纽带的乡村结构不能适应市场经济和现代化发展的需要，农业文明溃败、乡土文化"断裂"、新的乡村价值观尚未确立，这种文化与价值观的失序是当代乡村文明建设过程中尤其值得我们反思的地方。

就像现代化的发展不一定伴随着传统消失一样，传统社会的瓦解也并不意味着现代社会的到来。中国的乡村社会正经历着一个新的体制转型过程，其中国家的经济政治体制改革是促使这种变化产生的主导力量。

尽管中华人民共和国成立以后，乡村社会变化巨大，但是在现代化过程中，处于体制转型期的中国乡村社会，依然受到较长历史时期形成的传统的支配，其中包括比较稳定的制度、生产方式或精神和行为方式。而且中国几千年的农业文明和乡村文明是中国人民几千年积累的经验和智慧的结晶，这种独特的文明模式不仅在历史上有存在的价值，就是在今天以及未来仍有存在价值，就像人类基因的传递一样，人类文明的传承是潜在的、有选择地继承的。比如，在乡村经济改革中建立的现代性契约关系并没有完全取代传统型的血缘关系而成为乡村的唯一社会关系。以家族为例，家族文化作为中国传统文化的一个组成部分，在中国乡村的现代化过程中仍然表现出了很强的适应性，它没有如现代化理论所预料的那样，作为传统文化的一部分被消解掉。事实表明，尽管传统与现代在人们的习惯、信仰、社会制度和物质生产方式上存在着明显的差别，但是它们也是可以共存的。更进一步讲，现代性必然是建立在传统基础之上的，决不存在完全抛弃传统的社会进步。因此，当代中国乡村文明的形成绝不是一个消极替代传统的过程，乡村文明需要在发扬传统功能的基础上，适应现代化要求而做出必要调整。要从当前社会主义乡村的现实生活环境出发，既考虑到当代农民多方面的需求，又适应现代化社会对乡村经济、政治、社会和文化大变革的需要，建设既保留优秀传统，又符合现代文明要求的当代中国乡村文明。

第二节　乡村文明的要求

当代社会主义乡村文明作为社会主义文明的具体形态，是中国特色社会主义文明在乡村社会的独特体现，是立足于中国国情和面向乡村发展的一种文明表现。它既有人类文明、社会主义文明的一般性，也有中国乡村的特殊性。这种基于一般性产生的内在要求，是乡村文明发展进步的基本原则。

一、乡村文明的基本原则

当代中国乡村文明是社会主义文明理论与中国乡村社会生活实践相结合的产物，是人类文明与中华文明优秀成果的继承和发展，是中国特色社会主义理论的重要组成部分。特殊中包含着一般，中国当代乡村文明的特殊性包含着中国特色社会主义文明的一般规定性。这种基于中国特色社会主义文明一般规定性产生的要求，即基于社会主义文明的规定性、社会主义对乡村社会的规定性和中国特色对乡村文明的规定性而产生的要求，就是乡村文明的基本原则。只有符合这些基本原则，才能保证乡村文明从乡村社会客观实际出发，沿着社会主义文明、中国特色社会主义发展的轨道前进。这些原则集中表现为坚持社会主义本质，符合乡村社会实际，体现乡村社会和谐，借鉴传统文化有益成果。

（一）坚持社会主义本质

中国特色社会主义乡村文明是社会主义性质的文明。坚持社会主义本质属性，走社会主义文明之路，是社会主义乡村文明发展的客观规律，也是中国当代乡村文明的内在需要。乡村文明的社会主义性质要求其物质文明的成果归全体人民共同享有，即以生产力发展为根本途径，以共同富裕为价值追求。其精神文明必须以马克思主义为指导，同社会主义政治经济相适应，精神文明成果符合人民的需要。其社会文明要求社会和谐有序，人与自然和谐、人与人和谐、人与社会和谐。生态文明不仅是社会主义文明观的升华、丰富和完善，也是推进可持续发展战略，构建和谐社会，推进人类文明社会发展的必然要求。

乡村文明的社会主义本质，首先体现在乡村物质文明的建设上，即把解放和发展乡村生产力，提高农业综合生产能力，摆在首要地位。只有农业生产发展了，农民的农业生产收入和实际收入有了大幅度提高，乡村的集体经济有了发展，乡村才有足够的资金服务于乡村社会文明和生态文明的建设；只有农业生产发展了，农民体验到政策的实惠，才有足够的热情投身到乡村精神文明和政治文明建设中来。只有广大农民实现安居，衣食无忧，才能乐业、创业，才能逐步实现乡村社会的现代转型，建成社会主义乡村文明。其次，社会主义的乡村文明还要体现共同富裕。这是社会主义优越性的重要体现。所谓"共同富裕"是指使所有人能够共同参与发展的机会，共同提高发展的能力，共同促进发展的水平，共同分享发展的成果。社会主义乡村文明尤其要关注绝大多数农民的利益问题，赋予广大农民平等的发展机会，平等地享受发展的成果，弥合城乡差距与贫富差距，实现共同富裕。乡村共同富裕一方面表现为乡村人均收入的提高，另一方面表现为共同富裕层面的扩大，即乡村社会内部贫富差距缩小，城乡贫富差距缩小。只有乡村物质文明发展了，农民才能萌生改变传统生活方式、迈向现代化的强烈欲望和实际行动，才能有更多的时间、精力和财力投入到乡村社会文明、政治文明、精神文明和生态文明建设之中，充分体现出乡村文明的社会主义优越性。

（二）符合乡村社会实际

文明既不能嫁接，不能抄袭，也不能照搬，更不能编造。文明是特定主体历史活动的成果，只能学习、借鉴、继承、传衍、更新。

　　由于人类文明的多样性，不同的文明都有其生存发展的特殊环境，也都有自己独特的内容和形式，因此，具有不同文明背景的国家在决定自己国家发展道路时，必须选择适合自己文明个性的发展道路和模式。中国特色社会主义文明的形成和发展就充分地体现了这种思想。乡村文明作为中国特色社会主义文明的重要组成部分，也是根据中国乡村社会自身的经济、政治、文化等发展状况和程度来确定具体的文明发展轨道。

　　中华人民共和国成立以来，我国农业取得了举世瞩目的巨大成就，在由"乡土中国"向"半耕社会"加速推进过程中，我国社会结构的分化、社会运行机制的转轨以及社会资源和利益的配置，为乡村社会带来了新发展，也造成了新的不平衡与不协调。一些曾经处于隐性状态的社会问题凸显，一些新的社会问题由此滋生，不仅直接影响到乡村社会稳定，也影响到和谐社会的构建，更直接关系到社会主义现代化的进程。目前，农业生产方式落后于生产发展需要，先进的农业科技成果与分散的小规模种植方式难以实现高效结合，农业生产力发展受到严重影响；农村经济结构层次较低并相对单一，种植养殖业和农副产品加工业相分离，农业生产与农产品销售相脱节，涉农高端产业对乡村经济发展的推动和带动作用不足；农民就业渠道狭窄，农民收入增长速度低于其他产业就业人员，形成城乡收入的巨大反差；乡村基础设施建设和社会公共事业的相对不足，影响农民社会交往方式和传统观念的转变；乡村中大量青壮年劳动力涌入城市，乡村社区中的空巢家庭日益增多，"女人、老人和孩子"群体成为乡村不得不面对的基本现实，部分乡村已呈现经济社会衰败迹象。同时，伴随城市化进展，乡村土地被大量占用，乡村人均耕地面积急剧减少。这些问题一方面让我们深入思考当代乡村文明的现实本质，另一方面也推动我们认识当代乡村文明在社会主义初级阶段所面临的具体任务。当代乡村文明应侧重围绕这些乡村现实问题，构建新型乡村社会。

　　只有符合国情民俗的政策才能发挥巨大的社会作用。中国乡村经济之所以得到迅速恢复和发展，从一定意义上讲，就是由于农村经济改革适应了农民经济社会文化的特点。首先，它满足了以家庭为背景的社会文化需要。改革开放以后，广大农村普遍建立了家庭承包责任制，恢复了家庭生产经营等社会职能，大大促进了农业生产的发展。一定意义上，这也是政策符合乡村社会文化环境的作用。其次，是农村政策适应了广大农民从事农业生产的风俗习惯、社会心理、行为方式等社会文化的要求。改革使农民有了自主权，可以按照自己的习惯和心理办事，他们心情舒畅，充分发挥生产积极性和主动性，从而推动了农业生产的发展。这说明了乡村政策适应农民风俗习惯和社会心理等社会文化要求的重要性。可以说，在人类社会生产中，破坏了一定的社会文化环境，人们就失去了生存的能力；保持了一定的社会环境，人们就会有无穷的创造力。

文明多样化是文明发展的规律之一。中国地域辽阔，乡村发展也极不平衡，因此，乡村文明建设也必须因地区制宜，因条件制宜，因传统制宜，因现状制宜。中国西部地区的农村比东部地区的农村落后，山区的农村比川区的农村要落后，偏远地区的农村比城镇附近的农村要落后，民族地区的农村比非民族地区的农村要落后。这一切差别是乡村文明建设中必须要依据的出发点。

（三）体现乡村社会和谐

在现代化的推进中，摆在全人类面前的带普遍性、现实性的问题是包括人文环境与自然环境在内的人类生存的根本问题，这是发展现代文明的主要问题。人类的生存环境主要有两个方面的内容：一方面是人与自然环境的关系，另一方面是人与人、人与社会之间的人文环境关系，这两方面的有机结合就构成了整个人类的生态环境与生存环境。社会主义乡村文明，既体现人与自然、社会和谐发展的客观要求，也是建设中国特色社会主义新乡村的现实诉求。

构建和谐社会不是另外重新构建一种不同的社会形态，而是把和谐社会理念与我们党所提出的富强、民主、文明的现代化建设目标结合起来，细化社会发展的目标与要求，体现了对现实社会的批判和对未来社会的憧憬。

和谐社会建设是一个系统而持续的过程，乡村文明建设是推进农村和谐社会建设的有效途径。物质生产的发展，社会生活的有序，政治生活的民主，精神生活的昂扬，生态环境的改善都是社会和谐的条件和结果。乡村文明建设要从乡村现存的主要矛盾和发展瓶颈入手，千方百计化解矛盾和打破发展瓶颈。针对乡村文明建设的繁重任务，面对历史和现实对乡村造成的现实矛盾和冲突，要善于用和谐的方法、和谐的目的、和谐的思路、和谐的手段去解决、去应对。要和风细雨，不要暴风骤雨；要细致耐心，不要简单粗暴；要示范引导，不要强行命令；要讲求实效，不要摆花架子；要循序渐进，不要突飞猛进；要量力而行，不要不自量力；要尽职尽责，不要推诿扯皮。

（四）借鉴传统文化有益成果

我国乡村社会继承了中华文明几千年的乡土传统，形成与城市截然不同的文明样态。乡村文明作为人类文明系统的重要组成部分，具有文明的共性，又有区别于其他文明的个性：在物质层面上，除较发达的县城和部分活跃的镇，村一级没有林立的高楼大厦，只是传统的房舍，医疗、卫生、学校等公共设施比较缺乏；在制度层面上，乡村在村一级基层形成了礼制秩序维系乡村社会的有效运转，规章制度的约束效果较弱；在社会层面上，特别是在欠发达地区农村，人与人主要以血缘、地缘为纽带，不同于城市业缘纽带关系，因而乡村文明较城市文明多了几分亲情——乡里乡亲。

人类文明的发展和社会的进步，总是以不同文明之间的互相汲取、互相补充、相互促进为前提的。即使是同一个国家文明的形成和发展，也是国内不同民族优秀文化和不同地域文明成果互相吸收、相互融合的结果。

正是这些文化精华互相融合，最终形成了大体统一的中华文明。

当代乡村文明与城市文明相比，在文化形态上虽然更接近传统文明，但从根本上又不同于传统农业文明，它是农业文明向现代文明过渡中的文明。现代文明是继承人类一切优秀文化成果而发展出来的新的文化形态与价值体系，是新的时代文明与进步状态。虽然许多人把现代工业社会的文明称为现代文明，这只是从生产方式的角度来讲的，没有考虑到现代文明复杂的社会文化形态。文化作为一种资源，合理配置后也会产生效益，所以现代文明的发展也需要借鉴不同的文化内容，才能实现可持续发展。对于现代文明，应该把它看成是人类多元文化相互关联的复合体，看成是整个文化的进步状态，某种文化的单纯的或片面的发展都不能被视为健全的现代文明。由此，现代文明是一个多层次的复杂的文化结构体系，它的发展绝不能是孤立的、片面的，而应该是一个社会的全面发展和进步。这种发展和进步无论如何都不能与民族文化传统割断联系，而应该是民族文化合乎理性地向现代文明延续。因为，任何国家的文明发展都是处于既定的有形文化（如政治、经济、制度）的制约中和无形文化（如信仰、道德、风俗）的影响下，任何个人、民族、国家都逃脱不了"传统的掌心"。中华文化源远流长，激扬创新，传统文化对现代文明的发展具有重大的借鉴意义。

对传统文化的借鉴要弃其糟粕，取其精华。把真正优秀的文化成果拿过来，与中国特色社会主义乡村文明相结合，只有这样，才能推动中国乡村文明的发展和进步。中国传统文化内涵十分丰富，概括其精华部分主要包括："天人合一"观、民本思想、辩证的哲学思想、不断实践的科学创新、重视教育的观念、强调人与人之间的"仁""义""礼"等。这些思想可以帮助我们更好地弥补现代文明条件下个人与自然的关系、个人与社群的关系以及个人与他人的关系。当然，任何一种文明的存在状态都是有缺陷的，比如，法制社会缺少道德感，市场环境下会少了正义感等。所以我们可以通过文化补位的办法来模塑理想中的乡村文化形态，当然这种补位文化可以来自传统文化也可以诉诸其他单元文化（比如城市文化）。

传统文化中的许多优秀品质也即是现代文明进程中的宝贵资源，当代乡村文明不可忽视传统文化的遗传基因，所以中国的乡村文明更应重视传统文化与现代文明的对接。经济现代化的进程不能忽视文化的力量，挖掘文化资源，进行文化对接融合，实现文化优化，才能推动乡村文明的现代发展。

二、乡村文明的基本要求

社会主义乡村文明的基本要求是基于中国特色社会主义乡村文明的特殊性而产生的具体规定性。中国特色社会主义乡村文明的基本要求是具体的，是基本原则的具体体现。而相对于中国特色社会主义文明的评价标准，中国特色社会主义文明的基本要求又是抽象的，是对乡村文明的一般要求。乡村文明的要求主要是基于科学发展的要求，这些要求包括：以农民为本、乡村经济社会全面进步、统筹城乡协调发展以及增强乡村可持续发展能力。

（一）以农民为本位

在乡村文明建设中，以人为本的理念体现为以农民为本。即乡村文明建设以农民为主力；乡村文明发展以农民为目的；乡村文明成果以农民为对象；乡村文明特征以农民为依据；乡村文明措施，以农民为依托；乡村文明评价，以农民为主人。

坚持以人为本，把人民群众的利益追求作为发展的立足点与出发点，让人民群众从发展中获得最大的好处，就会最大限度地调动其创造的积极性，为建设和谐社会提供不竭的动力。农民是乡村生产力发展的主体和探索乡村建设规律的主体，是乡村各项任务的直接承担者和全面发展的直接推动者。从一定程度上说，农业、农村问题都是农民问题，只有把农民问题解决好了，农业、农村问题才能顺利解决。

时代越发展，科技越进步，人的因素就越重要，农民在乡村中的主体作用就越是不能忽视。科学发展观的本质和核心就是以人为本。以人为本体现在当代乡村文明中就是坚持以农民群众为本，把广大农民群众的根本利益实现好、发展好、保护好，不断提高农民群众物质精神文化水平。这是社会主义乡村文明的着眼点和归宿。

社会主义乡村文明以农民为本，就是承认和尊重农民的社会主体地位。农业的发展、乡村的繁荣依靠的是广大农民群众，农民群众既是乡村文明的实践主体又是乡村文明的价值主体，在乡村文明实践活动中实现自身的发展并成为自身所创造财富的占有者和获得者。承认和尊重农民的社会主体地位，就是让农民自己当家做主，参与新乡村文明的全过程，充分尊重农民的意愿和选择，把乡村的文明发展与农民求富、求安、求乐、求美、求和谐的要求结合起来，以农民愿意不愿意、赞成不赞成作为推动乡村文明发展的准则，使农民对乡村社会有一种主人翁意识和归属感。只有这样，当代中国农民对建设自己美好家园的愿望和热情才能被充分调动起来，一切物质的和精神的、现实的和潜在的积极因素才能竞相迸发，一切分散的和孤立的力量才能有效凝聚。

社会主义乡村文明以农民为本，就是切实维护和保障农民的正当权益。当代乡村文明实现农民的全面发展不仅包括物质财富的发展和精神财富的增长，还包括政治权利和法权的发展。维护和保障广大农民群众的正当权益，就必须确立农民的知情权、参与权和监督权，不仅使广大农民更充分有效地行使民主权利，而且要建立健全能维护和发展农民利益的长效机制，真正让广大农民在乡村建设中当家做主，在实现乡村社会财富增长和社会公正的基础上最终达到农民群众的共同富裕和农民的全面发展。

社会主义乡村文明以农民为本，就是着眼于全面提高农民的素质。当代乡村文明，要有具备现代文明素质的新型农民来创造，新型农民的文明素质包括文化素质、技术能力、思想道德水平和行为规范等多个方面。农民自身的素质状况直接决定乡村社会的文明程度，乡村文明的过程既是培养新型农民的过程，农民素质提高的过程也是乡村逐步文明的过程。全面提高农民的素质，就是要通过多种途径和手段去培育农民走向文明，养成现代文明的生产、生活方式和社会交往方式。首先，要把农民培训放在优先地位，将培育有文化、懂技术、会经营的新型农民作为重点，提高农民的发展能力，从而更多获得参与经济社会发展的机会，分享经济社会发展的成果；其次，加强对乡村基础设施和公共服务体系建设的支持，帮助农民改善最基本的生产、生活环境；最后，通过丰富多彩的文化活动，充实和活跃农民业余文化生活，满足广大农民日趋多样化的精神文化需求，陶冶情操，丰富农民的精神世界。

（二）乡村经济社会全面进步

关系到农民切身利益的基础设施建设和社会事业发展是乡村发展中最薄弱的环节，也是农民反映最强烈的问题。这要求当代乡村文明要围绕农民需求，大力发展乡村的教育、科技、卫生、文化等各项社会事业。"木桶原理"告诉我们：维持木桶容量整体水平的是最短的那块木板。就社会发展来说，全面发展既要考虑其中发展最快的那一部分，也要考虑发展最慢的那一部分。在发展实践中，各项任务的实现不可能齐头并进，因为在一定时段、一定范围内社会发展强调的重点和区域不同，但就总体而言，必须做到全面均衡。所以，对于广大乡村地区，当代乡村文明不单单是以乡村经济发展为目标，更是要全面推进乡村经济、政治、文化、社会的建设，实现乡村社会的全面进步，在发展乡村生产力的同时完善乡村生产关系和上层建筑。所以，社会主义乡村文明应遵循科学发展观提供的方法论指导。

乡村经济社会全面进步，首先需要进一步深化农村改革，以改革促发展。在取消农业税以后，要全面启动以乡镇机构改革、县乡财政管理体制改革、乡村义务教育管理体制改革为主要内容的农村综合改革，巩固农村税费改革成果，积极推进乡村各方面制度的创新发展，为社会主义乡村文明的形成提供有力的制度保障。扩大公共财政覆盖范围，强化政府对乡村的公共服务，建立以工促农，以城带乡的长效机制，为社会主义乡村文明提供有力的机制保障。其次，重点发展乡村经济，改变乡村落后的经济面貌。国家基础设施建设重点由城市转向乡村，全国乡村基础设施严重不足的情况已有所缓解，而民生领域和基本公共服务供给不足的问题则相对突出。这需要公共财政在推进城乡义务教育均衡发展，发展乡村卫生事业，提高农民医疗保障水平，逐步建立适合乡村实际的社会救助和保障体系等方面发挥更大的作用，使广大农民学有所教、劳有所得、病有所医、老有所养、住有所居。最后，社会主义的乡村文明不仅需要雄厚的物质基础，更需要可靠的政治保障、稳定的社会环境以及正确的思想意识和良好的文化条件。乡村经济社会全面进步，需要发展乡村基层组织建设，健全充满活力的乡村治理机制；积极开展群众性精神文明创建活动，活跃乡村健康的文体活动，完善农民职业技能培训制度等措施，引导农民崇尚科学、移风易俗，在乡村形成良好的社会风貌；建立起一种适合于乡村文明建设的文化观念，既满足农民对民主政治生活的追求，也满足农民对精神文化生活的追求，保证广大农民共享文化发展的成果。

（三）统筹城乡协调发展

城乡分化是社会自然演进的必然选择，它反映了政治专业化、经济效率以及文明发展的多元诉求。

我国改革开放 40 年，社会生产力得到极大的提高，然而，伴随着经济社会的发展，国内生产总值的增长并不会自动带来公平的收入分配，也不会自动增加下层群体的教育和就业机会，更不会自动产生一个城乡平衡发展的模式，从而实现社会公平正义的目标。特别是在向市场经济转轨中，由于竞争机制在不规范的市场中被引入，加剧了利益分配的不均衡。这种情况在我国造成城乡发展的不协调，长期以来形成二元经济社会结构，突出表现为：①市场经济的发展推动城乡分化的表现形式从政治结构、社会认同转移到了经济发展的城乡差别，乡村发展相对落后。②长期以来积极促进工业发展的战略布局，工业发展汲取农业资源，在一定程度上限制了农业生产的再投入，农业发展速度放缓。③乡村公共经济严重缺失，难以吸引人才和投资，农民成长并提高能力素质的环境较差。各方面的原因综合到一起致使"三农"问题长期封闭循环，甚至自我强化。由于市场本身的缺陷，政府主导的乡村建设就成为当然之选。

目前，中国总体上已进入"以工促农、以城带乡"的发展阶段，进入到加快改造传统农业、走中国特色农业现代化道路的关键时期，进入到破除城乡二元结构、形成城乡经济社会发展一体化新格局的重要时期，从而为当代的乡村文明提出了新要求。统筹城乡发展，是当前我国社会经济发展的基本走向，它要求把乡村经济社会发展纳入整个国民经济和社会发展全局进行通盘筹划，综合考虑。以城乡一体化发展为最终目标，统筹城乡物质文明、社会文明、政治文明、精神文明和生态环境建设，统筹解决城市和乡村经济社会发展中出现的各种问题，优化资源配置，打破城乡界限，实现共同繁荣。近几年，国家有关解决"三农"问题的"多予、少取、放活"的六字方针便体现了这一理念。"多予"，就是国家尽可能多地支持农业和农村的发展；"少取"就是尽可能减少地从农村汲取资源，减轻农民负担；"放活"，就是充分尊重农民的主体地位，消除体制性障碍，调动农民的积极性。

在这里，需要明确的是，社会主义的乡村文明的发展方向并不是将乡村完全变成城市，也不是人为地抑制工业和城市的发展。恰恰相反，它要通过工业和城市的发展，支持和引导乡村的发展，由城乡分离走向城乡一体。在保持城与乡的特色的同时，从经济、社会、空间等方面融合城乡。城市以非农产业为主，乡村以农业为主，各有其经济特点。两者之间会保留功能上的差异，各自承载行业及景观上的差异。

（四）提升乡村可持续发展能力

乡村文明作为我国社会主义文明中的一个重要领域，它的奋斗目标是物质文明、社会文明、政治文明、精神文明和生态文明的有机结合。目前，我国乡村发展还处在农业文明向工业文明转变的过渡阶段，文明发展呈现较为复杂的情况，传统农业文明的发展落后与工业文明对生态环境的破坏交错在一起，乡村发展任务繁重。现实的发展状况证明工业文明是不可持续的文明，我们需要对工业文明的文明精神进行反思，转变社会经济发展方式。生态文明的发展思路对社会主义乡村文明的发展方式提出了更高的要求，要求科学发展和可持续发展，尤其注重发展对自然环境的影响。如果缺失了生态文明的发展取向，乡村发展将被导向不可避免的危机境地，就如同现代工业文明所遭遇的发展困境。

社会主义乡村文明走可持续发展的道路，就是在保持农业生产率稳定增长的前提下"发展农村经济，增加农民收入，改变农村贫困落后状况，保护和改善农业生态环境，合理、永续地利用自然资源，特别是生物资源和可再生能源，以满足逐年增长的国民经济发展和人民生活的需要。立足当前，着眼未来，在科学发展观的指导下，实现农业与农村的可持续发展"。当前，我国乡村发展肩负双重转型的历史使命，从传统农业向现代工业化农业转型，再进一步转型为生态农业，这对乡村发展方式提出了特殊的发展要求：①乡村经济社会可持续发展的核心，就是要从根本上改造传统农业。表现为加快农业科技进步，加强农业设施建设，调整农业产业结构，转变农业产业增长方式，提高综合生产能力。使乡村经济社会发生根本质变。②合理调整国民收入的分配格局，统筹城乡发展规划和产业布局，加大各级财政向乡村倾斜的力度，最大限度地减轻农民负担，增加农民收入。③实现乡村自然环境的保护和合理利用。乡村经济社会可持续发展应以资源的高效利用和循环利用为核心，探索农业资源保护和合理利用的有效途径，努力提高农业资源利用效率，实现农业生产、经济发展和生态环境治理与保护的有机结合，从对自然资源的破坏和盲目消耗转变为保护和合理利用上来。

中国作为最大的发展中国家，实现社会的可持续发展是保持社会长治久安、实现中华民族伟大复兴乃至维护世界和平的必要前提。近年来，每年的中央"一号文件"都以"三农"问题为主，强调"三农"问题对实现中国社会可持续发展的基础性作用。农业与农村的可持续发展，是中国可持续发展的根本保证和优先领域。社会主义乡村文明就是要走一条加强农业基础作用，提高农业劳动生产率，实现乡村经济、社会、环境和资源相互协调的发展道路，为中国走可持续发展之路奠定坚实的基础。

三、乡村文明的评价标准

生产力只是社会进步的一种手段，而非目的本身。所以，衡量乡村文明的标准不能仅仅局限在生产力的发展上（尽管它是社会进步的重要途径），而是要从社会的各个领域全面衡量。由于文明是一个历史概念，乡村社会的进步更是一个全面、动态的过程，给乡村文明提出较为精确的评价标准是一件非常困难的事。但是，从当前中国乡村社会现状和未来可预见的乡村建设发展目标来理解，也可尝试给出一个相对微观的描述性标准，主要表现在以下几个方面。

（一）农业生产力发展、农民生活质量提高

改革开放以来，"发展才是硬道理"始终是我国经济建设和乡村建设围绕的主题。社会主义乡村文明，生产为首，富民为本。农民、农村富裕，这是乡村文明的根本。只有农民、农村富了，才有乡村的物质文明，才能有一切乡村社会赖以生存与发展的物质基础，才能有开展一切活动、开创一切事业的物质条件。

当前，我国农业生产发展的目标是："农业生产基础雄厚、农业内部产业结构合理、农业对自然、市场等风险具有较强的抗击能力、农业收益有可靠的保障。从事农业生产的农民因此也能获得较高收入，享受与城市日渐接近的生活水平。"

人的素质、人的能力和人的价值能否在安全、公平的社会环境和良好的物质、精神生活条件下得到充分展示是衡量人们生活质量优劣的标准。在新时期，

人们所关注的不仅仅是经济增长指数，还有受教育的权利与机会、人们主体能动性发挥的客观程度、医疗卫生保健条件、自然生态环境改善、文化娱乐休闲等。乡村文明发展的终极目的就是要给人们创造一个公平、文明、幸福的乡村社会环境，使人的权利、责任、能力和自然有机地融合在一起。

(二) 乡村集体经济得以发展

乡村集体经济是社会主义乡村文明的保障力量。农民共同富裕，建设乡村各项基础设施、发展科教文卫事业、村庄规划与环境整治等都离不开村级集体经济的有力支撑。长期以来，我国乡村集体经济并没有得到良好发展。改革以前，我国曾尝试走集体合作化道路，但在旧有的集体体制下农民没有独立的土地占有权、使用权及由此而产生的生产经营决策权，农业劳动者事实上成为生产队的雇佣人员，这大大挫伤了农民的生产积极性。20 世纪 80 年代，我国乡村确立了以家庭承包经营为基础、统分结合的双层经营体制，农民获得了生产经营自主权，成为独立的财产和市场主体，极大地解放了乡村生产力。但是由于受自然、历史等因素的影响，目前我国乡村集体经济依然薄弱，成为乡村文明发展的重要瓶颈。

社会主义初级阶段，受生产力水平、人口素质差异等因素影响，要立刻完全改变小生产状态，建立符合社会化大生产要求的生产关系还存在诸多困难。由此，探索乡村多种所有制及公有制的多种实现形式，创新集体经济组织的体制和经营机制；发展以家庭承包经营为基础，统分结合双层经营体制前提下的生产、供销、信用、消费等各种形式的合作经济；对新型农民合作社的组织形式、管理办法、集资手段以及经营方式等不断摸索和完善，就成为社会主义初级阶段理论的重要组成部分。通过村级集体经济的发展，培育农民的市场素质，既可以增加农民收入、减轻农民负担、解决村级大量的费用开支问题，还可以改善农民生活环境、发展农村公共事业，实现村民的共同富裕。

（三）乡村社会保障体系基本健全

所谓乡村社会保障制度是指在乡村地区实施的，以农民为对象，以社会保险、社会救济、社会福利、社会优抚等生活保障为内容，以促进乡村经济增长和增进农民生活福利为目的的一种社会制度。完善的乡村社会保障体系既是实现社会主义乡村文明的有力保障，也是构建和谐社会的重要内容。社会主义社会应当保障每个社会成员都享有平等的国民待遇，使他们能够获得最基本的生存权和发展权。市场经济条件下，通过利益补偿和收入再分配调节的功能，形成基本健全的乡村社会保障体系，才能体现"民主法治、公平正义、诚信友爱、充满活力、安定有序、人和自然和谐相处"的社会主义本质。

健全的乡村社会保障体系包括：完善的乡村最低生活保障制度、乡村养老保险制度、乡村医疗保险制度；不断推进乡村社会保障法治建设，扩大社会保障覆盖面，完善保障管理体制，为消除乡村绝对贫困、巩固温饱成果提供制度保证。通过健全的乡村社会保障体系，基本实现农村居民老有所养、病有所医、工伤有保险、灾害有赔偿、失业有救济、残疾有安置、贫困有支援，帮助乡村居民抵御生、老、病、死、伤、残等事故风险，降低农业生产市场风险，保障农民群体的基本物质生活，实现乡村社会稳定。农民的生活得到了基本保障，在加快发展乡村社会生产力的同时，农民才有条件、有时间进一步丰富乡村社会文化生活，促进乡村文明的发展，实现乡村社会的全面进步。

（四）乡村社会生活和谐有序

生存环境良好、社会关系融洽是社会主义乡村生活和谐有序的基本特征，也是衡量乡村文明的重要标准。乡村文明不仅体现在为广大的乡村群众创造出丰富的物质文明，还体现为发挥农民的主动性、积极性、创造性，营造和谐有序的乡村生活。乡村生活和谐，不仅建立在各社会阶层之间的关系上，而且也建立在乡村社会内部各群体之间的关系上，其目标是达到乡村社会的秩序稳定与关系和谐。

政治生活和谐有序是乡村社会生活和谐有序的重要方面。乡村经济的发展，使农民有了政治参与的物质基础。经济发展状况越良好的地区，民主政治的要求就越强烈，政治民主化程度和公民政治参与的水平也就越高。社会主义的乡村文明应是在发展乡村市场经济的过程中，农民独立平等的民主意识和公平竞争的政治参与意识增强，通过村民自治的平等民主实践，使村民自治在一个容纳多种多样的意见与看法的结构中，给村民提供一种捍卫自己利益与权利的可诉求力量，使村民自治成为一种真正公平正义的民主形态，村民的自由与财产受到应有的保护，在乡村社会造就一种无差别的待遇。同时，转变政府对农业和农村经济的领导方式和工作方式，充分尊重农民生产经营的自主权，避免生产上的瞎指挥，以市场为引导，帮助农民发展乡村经济，增强集体经济对农民的吸引力和凝聚力。

农民的日常劳动和生活组成现实的乡村社会。和睦互助的人际关系是乡村社会最主要的社会关系，也是乡村文明的社会氛围。市场经济条件下，随着外来文化和城市文明的传播，广大农民的价值观念和思想意识不断趋于丰富和多元，人们在处理集体与个人、公与私、义与利等重大问题上常常与主流意识形态不同甚至相反，一些不和谐的思想相继出现。社会主义乡村文明就是在乡村形成倡导和谐融洽的人际关系氛围，倡导乡村社会成员发扬团结友爱的精神，重建乡村社会相恤互助的传统，加强乡村社会生活共同体的凝聚作用，努力把村庄建设成为管理有序、服务完善、环境优美、文明祥和的社会主义新乡村，使其真正成为广大农民舒心的生产和生活场所。

（五）乡村优秀文化传统得以传承弘扬

乡村是传统文化存续的主要空间，传统文化是乡村文明的文化根基。社会主义乡村文明源于中华民族五千年灿烂辉煌的文明史，植根于有中国特色的社会主义实践，具有鲜明的民族特点。它们仍是中国乡村文明进步和现代化建设所不可缺少的人文精神。

我国乡村文化传统的形成是自然与社会多重因素共同作用的结果，作为与我国乡村社会互为表里、相互支撑的乡村文化，是指乡村居民在乡村环境中长期生产与生活，逐渐形成并发展起来的一套心理、思想、观念和行为模式。它承载了千百年来乡村居民在一定社会制度下形成的意识形态，包括乡村居民的情感心理、思想观念、伦理道德、生活情趣、人生追求、行为习惯，外显为民风民俗、典章制度和生活器物等，是乡村居民生活世界的重要组成部分，也是乡村居民安身立命的意义所在。

继承乡村优秀文化传统既是弘扬民族优秀传统文化的长远需要，也是衡量乡村文明的重要体现。乡村传统文化，农民世代相承，经过历史的沉淀，成为广大农民精神文化生活的基调和文化习俗。乡村优秀文化传统得以传衍就是"秉承农民特有的人文精神，具有自强自立、开拓进取、倡导和睦、追求和谐、修己安人、整体为上的民族文化特质和'重名节、重孝悌、重文教、重信义'的道德价值观念，这些思想观念世代传承，渗透于农民的精神世界，为农民认同，构成传统文化根基和传统思想道德规范，是千百年来人们进行自我教育、自我约束、自我管理的文化思想武器"；乡村优秀文化传统得以传衍就是要培育独具特色的乡村精神，把时代主旋律的远大目标同本村的发展目标结合起来，把乡村发展目标和乡民家庭发展目标整合起来，构建一种为本乡本村居民所共同认同、信仰、遵奉的文化精神，使村民形成对本乡本土的归属感，对本村价值系统的认同感，对本村经济建设和社会发展的使命感，从而形成强烈的向心力和巨大的社会凝聚力。在新的历史条件下，以传统文化的优秀品质为依托，紧紧围绕建设有中国特色社会主义这一指导思想，建构一种开拓进取、积极向上、敬业求是、艰苦奋斗、仁义善良、爱家爱国的价值体系和人文精神，才能凸显出当代乡村文明的区域性与时代性特征。

（六）乡村生态环境自然宜人

生态环境优美与否，也是衡量乡村是否文明的重要标准。伴随社会的进步，人们对生活的需求、对环境质量的要求也越来越高。一方面，优美的生态环境可以丰富和满足人们的精神文化生活的需要，人们精神愉悦、身心健康，能更好地激发人们的想象力和创新精神，使人们的创造活动更富有成效，生活更富有质量。另一方面，优美的生态环境也能满足人的审美享受的需要。人的审美对象由社会和自然两方面构成，其中大自然、生态环境是人类极其重要的审美对象。现实生活中，优美的环境、秀丽的风光能净化人的心灵，陶冶人的情操，给人以莫大的美的享受。农业生产和农民生活都离不开自然环境，人居环境优良，人与自然和谐相处的乡村与农业生态环境是社会主义乡村文明的重要体现。社会主义乡村文明呈现在人们眼前的，应该是田园景色优美、环境干净整洁、生活方便舒适、农民安居乐业的美好景象。

乡村生态环境自然宜人首先包含绿色、生态农业的建立，绿色、安全、环保的农业与其依赖的自然环境之间建立持续的、可循环的关系。农业本应是一种天然的"绿色产业"，乡村的种植业、果树业、林业以及绿色食品产业对治理日益严重的环境污染、生态恶化，带动旅游业快速发展都起着重要作用，而且乡村的水、空气、土壤以及气候对乡村经济发展环境都有着直接影响。广大的乡村地区种植环境好起来了，农民生产、生活的环境也将会大大改善；要有合理的村庄规划和良好的人居环境。具体包括安全洁净的饮水、卫生的厕所和下水系统、集中的垃圾收集与治理、适当的牲畜饲养方法；舒适的住房、规划合理有序的村庄；完善的乡村道路、通信电力、公共交通等基础设施，等等，以满足农民作为乡村社会主体的需要，使广大乡民过上体面而有尊严的生活。

在乡村文明的进程中，构建人与自然和谐发展理念，需要尊重自然、善待自然，遵循自然生态环境，改善村庄居住条件。实践中要不断改造乡村传统生产、生活方式，重塑生态经济时代的乡村社会经济运行方式。

第三节　乡村文明的特征

中国是社会主义国家，乡村文明和社会主义事业相联系并组成为它的一部分。它要求以马克思主义为指导，体现社会主义先进生产力的发展方向，促进乡村社会全面进步，体现社会主义时代精神，继承和发扬中华优秀的传统文化。它既立足于乡村又吸收其他文明的精华，进一步彰显中华文明的优秀品质，提升乡村社会的影响力。乡村文明作为乡村社会生活的进步状态，有其内在的特性。正确把握这些特性，是科学认识乡村文明发展规律的客观要求，也是加强社会主义乡村文明建设的基本要求。

一、整体性与协调性

社会是一个有机整体，文明也是一个有机体系。文明的现实存在形态具有结构的不可分割性。文明结构是文明质的规定性，独特的结构形式不仅决定其功能、现实存在形态，而且规定其本质特征。一种文明只有在一定的结构形式中才成其为文明，才具有其内在的生命力，正如人手一旦脱离开人体就失去了质的规定性一样，文明的任一部分脱离开文明的整体也就不再成其为部分。

马克思主义经典作家从结构—功能理论的角度阐明了文明形态内在结构要素之间的相互关系与独特功能，为我们深入研究文明形态的内在结构及变迁，提供了一种有效的方法论工具。

社会主义乡村文明就是由乡村物质文明、社会文明、政治文明、精神文明和生态文明五者构成的一个有机整体。五者之间是相互依存、相互促进、相互制约的关系。乡村物质文明表现乡村物质生产的进步和农民物质生活的改善，是整个乡村文明的基础，是乡村社会文明、政治文明、精神文明和生态文明的前提条件。

对社会主义乡村文明各要素的划分，依据的是生产力与生产关系的关系以及按照生产关系的构成所做的划分。它是马克思主义关于文明与历史的观察与理解的特殊视野，也是乡村文明观的科学性质所在。我们倡导对于人类文明的理解的广阔视野，反对用某一特定模式来理解文明。但这并不等于放弃关于文明形态的根本划分与判断标准。提出关于社会主义乡村文明进步及其内在结构理解上的整体性问题，坚持文明形态与社会形态一致性的观点，是科学的文明观、历史观的要求，标志社会主义文明也是一种包含多样性的文明。社会主义文明的构成并不仅限于作为其核心内容的社会主义制度文明，也不仅限于作为其基础的社会主义工业文明，而是一种内容全面的现代文明。社会主义乡村文明作为社会主义的一种文明形态，是一种以社会主义制度文明为中心的乡村社会的文明，是乡村经济、政治、文化协调发展的文明。

二、开放性与包容性

人类文明史就是一部互相交流、互相补充、互相融合和互相促进的历史。因此，文明本质上是开放的，这种开放性表现为一个文明系统与其外部环境总是保持着积极的相互联系与作用。文明是人类有意识、有目的地劳动创造的产物，而人类认识能力和创造能力的发展是无限的，所以文明的开放性是绝对的。只要人类存在，人类就不会停止劳动创造，作为劳动成果的文明就会持续不断地沉淀和积累。因此，文明发展的速度是随着社会经济文化发展水准的提高、交流范围的扩大而日趋加快，呈现出一种加速发展的态势。

从人类社会发展史来看，文明是多元的，这种多元性由多种因素决定。只要存在不同的社会制度、不同的文化传统、不同的地域环境，就会有不同类型的文明。多种文明并存是人类文明发展的一个基本特征。多种文明并存，不同文明之间又有差别，那么各种文明之间就一定有比较、有借鉴、有发展。人类文明的发展和社会的进步，总是以不同文明之间的互相汲取、互相补充、相互促进为前提的，即使是同一个国家文明的形成和发展，也是国内不同民族优秀文化和不同地域文明成果互相吸收、相互融合的结果。以中国为例，中国在春秋战国以前存在着多种不同的地域性文化，如齐鲁文化、中原文化、吴越文化、巴蜀文化、荆楚文化、秦陇文化等，正是这些文化精华互相融合，最终形成了大体统一的华夏文明。

社会主义乡村文明是中华民族优秀思想和文化的成果，是社会主义文明在我国乡村社会的表现形态。乡村文明具有社会主义文明的共性，遵循人类文明进程的基本规律，同时又具有区别于其他文明的个性。相对于工业文明来说，乡村文明所依赖的物质基础更多地来自于乡村独特的经济社会环境，受到我国乡村制度、政策因素（如户籍制度）的制约和影响，使乡村文明呈现出特有的乡土氛围。不可否认，维系中国几千年来社会结构稳定的农业文明在科学技术和市场经济的共同作用下日趋解体，工业文明和城市文明正以其强大的辐射能量在不断地改变着人们的思维习惯和生活习惯。但针对广大乡村社会群体的存在，伴随社会转型而来的农业文明向工业文明的转型仍是任重而道远的事情。社会主义乡村文明的建构，正是体现当代中国特色社会主义文明所具有的博大胸怀，"大胆拿来""为我所用""古为今用"，具有开放性和博大的包容性特征。社会主义乡村文明在接受和融合工业文明成果的同时，实现中国传统文化与现代化的融合，从而避免"道德评价失范、价值趋向紊乱，非道德主义泛滥，社会道德控制机制弱化，道德教育扭曲变形"的后发展国家现代化的道德困境。使"乡村"理念并不仅仅是一个纯粹的自然地理的概念，而是伴随着社会的进步和体制的完善，成为现代农民的真正安身立命之地。

三、民族性与世界性

由于人类文明是在不同民族、地域，不同时代背景下发展起来的，所以必然会表现出不同的时代特征、地域风格和民族样式。文明间的差异正如生长在不同气候带的植物一样，是在自然环境和生活在那里的民族改造自然环境的历史过程中形成的。对民族而言，不同民族可以生活在同样的文明类型下，同一民族也可以生活在不同的文明类型下，民族差异并不必然表现在不同文明类型上。这是因为文明的覆盖性和辐射性超越了民族性。文明的形成是在一个比部落民族形成过程更为广大的范围内出现的，特别是在同一地域环境中生活的民族，生活习俗与传统文化的接近，使他们更容易生活在一种文明类型之下。

社会主义乡村文明是反映当代中国社会转型期乡村居民独特的生产、生活方式，靠的是中华民族深厚灿烂的文化和民族自尊心、自信心和自豪感。不同国家、民族的文化传统在现代文明中都占有特殊的作用与历史地位。特别像中国这样一个有几千年文化或文明史的国家，如果不能坚守自己文化的价值，而是一切以西方文化或文明的价值为标准，就会在现代文明建设中失去根本，失去价值取向，从而变得浅薄。一个没有凝聚固守之道的民族的文明大树必然会倾倒，其花果必然会飘零，该民族也将因此而成为漂泊不定的民族。

文明越是民族的，就越能走向世界，为全人类所共有。当代中国特色社会主义乡村文明是中华民族缔造的文明，其民族特色、民族内容、民族形式、民族风格、民族精神是浓厚而显著的。文明世界发展到今天，不同的个人、群体、民族、国家都被逐渐卷入全球化、信息化的浪潮中，在相互交流、重叠、碰撞中生存发展。信息传媒的发展使地理和时空无限缩小，每个人都无法隔绝外界、封闭自己，人们随时都会感到另外的文化和价值观的影响。随着世界交往的不断扩大"过去那种地方的和民族的自给自足和闭关自守状态，被各民族的各方面的互相往来和互相依赖所代替了，物质的生产如此，精神的生产也是如此。各民族的精神产品成了公共的财产。民族的片面性和局限性日益成为不可能"。②但是，即使在人类世界性的交往基础上，精神意识的民族性仍不可消除。文明的世界性，最终要通过各民族各国家的文明个性表现出来。文明的多元化与民族的多元化，构成人类文明发展的特点，而只有民族多元化才能有文明的多元化，只有文明的多元化才是人类文明不断发展的生命之源。

四、时代性与稳定性

文明是随着时代的发展而不断变化的。在文明的早期阶段上，起主要作用的是肥沃的土壤、多鱼的水塘等生活资料的储藏；在较为发达的社会里，起主要作用的是河流、森林、金属、煤炭等生产资料的自然财富。而自然条件的不同给原始文明的要素带来了各种各样的差异。于是不同民族就形成了各自特殊的、独一无二的、无与伦比的风俗的、伦理的、信仰的种种观念，形成了独特的政治形式和法律形式，还有不同的发明、创造以及公共设施等。所有这些作为历史因素一旦形成，便不仅给周围的环境以影响，而且给整个民族的、地区的社会文明以独特的发展道路和特殊的民族形式。伴随工业与商业的发展，科学的创造和传播以及文明语言的形成等因素的交互作用，常常会形成不同的文明地区、文明地带。

文明是人类改造客观世界和主观世界的积极成果，是人类创造的物质、精神财富的总和。只要人类社会还存在，人类改造世界、创造财富的活动就不会停止。当代中国乡村文明是在工业化进程中与工业文明相互影响和相互作用，在两者互动基础上进一步得以提升和发展的，这种文明发展轨迹构成了当代中国乡村文明演进的基本方向和趋势。生产力决定生产关系，经济基础决定上层建筑的规律，决定了乡村文明发展是以生产为主导的文明发展模式，乡村文明形态要想取得真正成功，仍需要积极发展乡村社会生产力，提高生产效率。离开社会生产力的发展，离开生产方式的进步，乡村文明的发展就是"虚无"的发展，就是"不可持续"的发展。

当代中国乡村文明不仅具有时代性，同时还具有稳定性特征。乡村文明在一定的社会历史条件下一旦形成，就会形成一种稳定的社会价值取向和文化模式，文明的因素就会渗透和显现到社会生活的各个方面，依附在社会个体的言谈举止中，从而使乡村社会呈现独特的行为准则、生活模式以及价值观念和文明尺度。同时，作为生产力的社会存在形式——生产关系也具有稳定性特征，一定的生产关系一经确立，只要在一定时期内能够满足生产力发展的需要，就可以保持相对不变。

五、创新性与前瞻性

创新是人类主体在实践活动中所激发出的积极性与能动性的反映，它意味着人类思想冲破固有的思维定式，打破旧的教条，在实践中培植社会发展新的生长点，重构社会发展新体制，在竞争中保持优势。一个民族，一个国家要获得生存与发展的动力源泉和现实力量，就需要不断创新。创新是一个民族进步的灵魂，是一个国家兴旺发达的不竭动力。社会主义文明不是一成不变的，它的进步性随着历史的发展而发展。同时，社会主义文明是一种面向现代化、面向世界、面向未来的文明。要面向世界、面向未来，就要具有相对的前瞻性、导向性和方向性。

改革开放以来，我国乡村经济、社会、文化发生了全面而深刻的变化，农业和乡村经济发展进入到一个新的历史阶段，乡村社会文明建设取得了令人瞩目的成就，但也遇到了许多新情况、新问题。特别是在从计划经济向社会主义市场经济转轨的过程中，社会主义文明建设面临着十分复杂的局面。各种矛盾相互交织，各种观念相互碰撞，人们的生产方式、生活方式、思维方式、价值取向、精神追求日趋多元。如何帮助人们满怀信心地建设中国特色社会主义，树立社会主义的理想、信念和道德风尚，这是一个重大的历史课题。

当今世界科学技术迅速发展，日益强烈的经济全球化趋势，使创新成为时代潮流。创新就是不断有所发现、有所发明、有所创造、有所前进，它既是自然科学和社会科学发展的必然规律和动力，也是人类不断地从必然王国向自由王国飞跃的阶梯。当前世界各国之间的竞争是以科学技术为基础的综合国力的竞争，科技竞争的核心就是科技创新的竞争。科技创新需要理论创新、知识创新、体制创新等一整套创新体系与之配合。理论创新就是坚持中国特色社会主义理论，是我们党的基本路线、基本理论在改革开放和社会主义现代化建设的实践中不断得到发展；知识创新就是努力学习掌握科学前沿的最新知识，不断地创造出推动科技进步的新知识，成为知识经济的基础；体制创新就是不断完善社会主义市场经济，全面建立、完善中国特色社会主义所要求的经济、政治、文化及其他各方面的体制。因此，对待当今我国的乡村发展问题就需要我们不断地解放思想、更新观念、深化认识，把乡村建设的科学理论和具体实践相结合，更好地研究新情况，解决新问题，把我们的思想认识和精神状态提高到时代所要求的水平和层次。反之，如果因循守旧、思想僵化，拘泥于过去的概念、范畴，人们就无法自由、自觉地活动，整个社会主义也将失去了活力，更谈不上文明发展。

第七章　乡村文明建设的路径

一个国家的现代化进程，必然伴随着乡村地区的相对衰退。现代化的主要目标就是实现由传统农业社会向现代工业社会转变。资本经济的扩张会使工商业在国民经济中的地位远远超过农业，并且会吸纳大量农村劳动力，将其转变成城市居民。然而，在这一现代化转型中，农民被强大的外来力量所排斥和改造，承担着社会转型所带来的巨大阵痛。世界上大多数发达国家的现代化大体都曾经历了这个过程。

我们是不是能按照西方曾经走的道路来复制乡村的发展呢？答案是否定的。在一个农民人均占有耕地不足1.3亩、农户户均占有耕地不足8亩的人口大国，土地分配稍有不平等，就极易造成极大的贫富分化和社会的动乱。如果让失地农民都涌入城市，由于受技术、能力、收入不稳定等因素影响，这些农民很难在城市中安居下来，同时也极易形成城市边缘人口（比如城市贫民窟）的存在，从而带来新的社会、政治问题。着眼于未来，我们必须认识到在相当长的时期内，大部分农民仍然必须生活在乡村是我国乡村社会发展的现实。构建文明社会，离不开乡村社会的和谐、文明，缓解日趋严重的"三农"问题是我国社会主义文明建设的基础。因此，发动一场改善乡村的物质生活条件和生产基础设施，重建乡村社会制度和文化的"乡村文明"建设运动是探索解决中国乡村问题的根本办法。

离开了有序、文明的广大乡村，中国的现代化和社会主义文明只是海市蜃楼。乡村文明的建设就是要创造一种与乡村社会和当代农民需要相适应的，强调人与人、人与社会、人与自然和谐相处的新型乡村社会样态，把乡村建设成为农民可以安身立命，可以实现其人生价值的场所。

第一节　中国乡村文明建设的基本思路

一、乡村文明建设的主体：政府主导，依靠农民，造福农民

近代以来乡村建设的成败及新中国乡村建设的经验告诉我们，农民是推动乡村社会事业发展进步的主要力量，是创造乡村文明的主力军。在乡村文明建设过程中，一方面要发挥广大农民的主体性和创造性；另一方面要发挥政府的主导作用。

在乡村文明建设中，要充分尊重广大农民群众的首创精神。在市场准入、政策支持、融资条件等方面为乡村经济的发展创造平等竞争的环境，鼓励、支持农民按照自愿原则发展多种专业合作经济组织，增强村级集体经济组织的服务功能，实现乡村多种所有制经济共同发展。当然，最主要的是落实村民自治制度，充分发挥村民自治的作用，促进村民的自我管理、自我发展和自我监督。村级事务特别是与村民利益息息相关的事项，都应交由村民会议或村民代表会议讨论决定，例如，村内道路的修建、村容村貌的整治、小型农田水利基础设施建设等。对于涉及村内公益性设施的建设，建不建、建哪些、怎么建，要由村民根据自己的需要来选择。简而言之，乡村文明建设归根结底是建设乡村社会，起基础性作用的是农民自身。只有尊重农民意愿、反映农民要求，乡村文明建设工作才能有序展开，达到预期效果。

强调农民是乡村文明建设的主体，绝不意味着政府就可以撒手不管。国内外经验都表明，在乡村建设实践中政府有不可替代的作用，尤其是在统筹城乡、调集人力物力资源、健全社会经济制度、为乡村提供公共产品等方面，政府都发挥着指导的作用。有资料显示，在欧美这些市场体系发达的国家，政府指导的重

点，主要体现在流通和再分配领域，如农产品价格补贴和直接补贴，政府对农业和乡村的干预不会太深。而在日本、韩国等新兴工业化国家或地区，为弥补其市场体系的不完善，在乡村建设中主要以国家投资为主导，调动社会各方面力量，建设乡村基础设施。尤其在带动"新村建设"方面，政府的主导作用更加细致和深入。

现阶段，我国的情况复杂而特殊，既是后工业化国家、大农业国，又地域广阔，乡村人口众多。这些特征决定了我国的乡村文明建设离不开政府的主导与扶持。当前，我国政府对乡村文明建设的主导作用主要体现在：通过产业政策引导社会投资，提供乡村公共产品，例如，乡村的交通通信、供水供电、医疗教育等。政府的主导作用和农民的主体作用应该有机统一、互相促进。尤其是在村镇主导产业发展、基础设施建设、村容村貌整治等方面，要处理好政府主导和农民主体的关系，防止政府在涉及乡村建设项目中的错位、缺位或越位倾向。总之，各地政府要从自己的实际情况出发，把握本地乡村文明建设的重点与难点，适时调整工作策略，使各项指导工作更加贴近乡村实际，反映农民要求。

二、乡村文明建设的要求：整体推进，协调发展，重点突破

乡村文明建设是一个庞大的系统工程，不仅涉及农业生产，还涉及农民生活；不仅关涉乡村物质文明建设，更关涉社会文明、政治文明、精神文明、生态文明建设。系统论的观点告诉我们：系统是由系统内的组成要素构成，系统功能取决于要素功能的总和，但是系统的功能并不是要素功能的简单相加，而是要素之间相互作用、相互制约的结果。在要素的相互作用中，有可能使系统功能大于要素功能的总和，也有可能小于要素功能的总和。所以，要使得系统功能最大化，就取决于要素之间的优化整合。乡村文明建设作为一个系统，其成效如何，实际上也取决于乡村各方面建设和各方面力量之间的最优配置和整合。

当代乡村文明建设，与 20 世纪 50 年代的新农村建设不同，更根本区别于 20

世纪民国乡村建设运动。其突出的表现就在于以乡村"五个文明"建设的整体推进为特征，即乡村文明建设的内容包括政治、经济、文化、社会、生态等各个方面，以社会主义文明建设的思路来发展乡村事业，克服历史上乡村建设曾经出现的各种偏差，将其作为一个整体来推进。由此出发，就需要实现乡村"五个文明"建设的协调发展，不仅要着眼于物质文明建设，而且要着眼于政治文明、生态文明等其他方面；不仅要着眼于狭义的乡村社会文明发展或乡村公共物品的供给，更着眼于包括物质文明、政治文明、精神文明和生态文明在内的整个乡村社会结构体系的提升。中央提出的社会主义新农村建设的目标和任务是"生产发展、生活宽裕、村容整洁、乡风文明、管理民主"，这也正体现了当今乡村建设的整体性理念。因而，对于乡村文明建设来说，从文明建设高度增强乡村社会的凝聚力、可持续发展能力以及使农民作为一个整体降低和化解市场经济所带来的社会风险，是乡村文明建设的根本任务，这就尤其需要建立乡村建设的整体规划和协调发展的理念。

现阶段，我国乡村不仅在物质文明领域，而且在政治文明、精神文明等其他领域都存在着各种各样的问题，需要我们采取切实有效的措施加以解决。例如，如何进一步推进乡村政治文明建设，健全和完善村民自治制度，克服乡村政治生活领域实际存在的各种偏差；如何发展乡村精神文明，传承和开发乡土文化，在提高农民科学文化素质的同时，保留乡村独有的风土人情，体现乡村特色的文化氛围，并增强村民的幸福感，扫除各种愚昧和迷信现象。再比如，如何进行社会文明建设，保护农民"生计"问题。尽管农业早已不是稳定收益的优势产业，但是对农业、农民的社会风险进行基本的社会保护，是保障农村发展、实现社会公平和谐的前提。这些问题，与通过物质文明建设以解决经济问题一样，都是社会主义乡村文明建设需要解决的现实问题。进一步讲，只有在进行物质文明建设的同时，一并建设好政治文明、精神文明和社会文明、生态文明，才能从整体上推进乡村社会的现代转型，缩小城乡各个方面的差距。历史上的乡村建设实践正是由于各种原因，没能解决好乡村其他领域（如政治领域）的建设，反过来影响了乡村建设的整体效果；还有的则是重视经济领域发展，而忽视社会、文化等领域的建设（改革开放初期的农村改革），结果出现了目前乡村社会的"三农"问题突出，乡村社会无法摆脱整体落后面貌的局面。诚然，乡村文明的时代特征决定了现阶段我国乡村文明建设的主要任务仍以物质文明建设为主，这也是由我国经济还不发达，各地区发展不平衡的国情所决定的。但是，如果只是单方面推进乡村物质文明建设而忽视其他方面发展，必然也会影响乡村的物质文明发展。今天的乡村文明建设有可能也有必要将乡村的"五个文明"结合起来，实现乡村社会的整体发展与文明进步。

当然，乡村文明建设反映在各地实际工作中，也不能"眉毛胡子一把抓"，没有重点"撒胡椒面"式的建设。各地区应从各自的实际情况出发，广泛收集民意，找准建设的切入点和重点，并适应新情况的变化而不断加以调整。例如，在东、中部发达地区的农村，农业的市场体系已经比较完善，生产、生活基础设施条件比较好，乡村文明建设的重心，应放在维护经济良好发展的前提下，解决好失地农民的再就业、村民自治、乡风文明、社会保障以及教育医疗等方面的疑难问题上；而对大部分中、西部不发达乡村地区而言，乡村文明建设的工作重点则应放在物质文明建设上，即要在发展乡村经济，加强市场体系建设，转变农业增长方式，促进农民增收，大力推进现代农业发展等方面下功夫，优先保证农民的生活富裕。

三、乡村文明建设的原则：因地制宜，多样发展，循序渐进

乡村文明是一个综合性概念，乡村文明建设也是一个在统筹城乡视角下，针对社会主义乡村未来的发展理想与目标，为形成一个具有强大内生力量的、文明进步的新乡村而提出的总体概念。我国乡村社会发展极不平衡，各地乡村经济社会发展水平差异大，地域文化差异也十分明显。在推进乡村文明建设时，对各地

区乡村社会不能一概而论，更不可能一蹴而就，需要我们正确地理解当前乡村社会的现实，积极、主动和创新性地拓展乡村文明建设的视野，因地制宜，多样发展，循序渐进。

由于当前我国的乡村发展状况参差不齐，建设乡村文明不可能有整齐划一的统一模式和标准。各地区只有因地制宜，实事求是，扎扎实实建立在各地实际基础上，结合本地区乡土风貌、风俗习惯制定出多样化的发展战略，才能真正体现出尊重历史和传统，建设出区别于其他地域特色的乡村文明。这就要求在乡村文明建设过程中，将乡村文明以农民为本、全面进步、统筹城乡、可持续发展的基本要求（如前所述）与各地的实际情况紧密结合起来，既围绕一个总的、宏观要求，积极推进乡村文明的建设（不管是发达地区还是不发达地区乡村，不管是城市郊区乡村还是偏远山区乡村），又结合当地实际情况，创新发展。

乡村文明建设的创新，体现在对乡村的建设规划上，这个规划不能以村容规划来代替，这样会忽视乡村生产的发展；也不能以"乡村城镇化"规划代替乡村独有的群落规划，以免造成乡村地域特色和民风民俗的流失；更不能以政府的意愿包办代替农民意愿，以免造成乡村社会矛盾；不能仅仅关注乡村土地的征用和开发，而忽视农户的承包经营权和基本权益。乡村文明建设要考虑乡村产业、自然生态、农民习俗、村容村貌、农民素质等各方面因素，在有关部门和专家的指导下，高标准、高起点地去推进。所以，乡村文明建设在乡村规划上要全方位考虑乡村发展的定位，多样化发展：是以保护生态为中心，重视自然景观、生态系统和水资源的保护，增强乡村可持续发展能力，让农民享受自然宁静的乡村环境；还是以乡村功能建设为中心，发展娱乐、工业和自然保护区等多种功能，带动本地经济发展等。总之，乡村文明建设的规划不能片面化、简单化，不能认为盖几幢房舍、搞一些基建、建几座新村就乡村文明了，这些做法只可能会在表征上让我们见到一个"崭新"的乡村，而不是真正传承历史与文化，具有深刻人文内涵的乡村文明社会。所以，乡村文明建设不仅注重乡村外在的村容村貌，更要注重乡村内在的文化特质，既要建好"硬件"，也要建好"软件"。从文明发展的角度而言，"软件"建设更重要。

我国作为一个农业大国，不仅农业落后，经营方式落后，而且乡村的基础设施也十分落后，这一点在我国西部地区乡村表现得尤为明显。同时，农民的思想观念、文化素质与现代化的要求也有较大差距。在一个有七八亿农民的国家，要彻底改变乡村的落后面貌，推进文明建设，绝不是上几个项目、搞一些村镇改造就可以实现的，它需要我们做好准备、不懈努力、长期奋斗。社会主义乡村文明建设不能做短期规划，而要做长期打算，因为社会主义的事业本就是一个长期的渐进过程，社会主义初级阶段的国情决定了我国乡村文明建设才刚刚起步。正如恩格斯说过的，作为社会制度，文明时代是社会发展的一个阶段，由于它的矛盾对抗性质使它必将为更高的新型文明所代替。社会主义乡村文明的制度性特征也决定了它是伴随社会主义制度的发展而不断发展的，既具有鲜明的时代特征也具有相对的稳定性。因此，乡村文明的建设是乡村社会在现代化进程中不断继承和超越传统，实现传统与现代在经济、政治、文化等领域的融合过程。我们要吸取历史经验，不能搞群众运动、大起大落，需要循序渐进和稳步推进。

四、乡村文明建设的灵魂：传统回归，价值重塑，文化再造

在全球化背景下，中国的市场化进程使人们的思维方式、行为方式、价值观念都发生了深刻的、前所未有的变化。尤其中国的乡村社会，在小农经济与市场经济的双重作用下，农民的传统价值观念失落、道德失范，21 世纪的中国乡村社会不可避免地面临着乡村社会价值体系的转折和重建。当代乡村文明建设的价值取向就在于引领乡村社会思潮，重塑新时期乡村核心价值体系。

"社会价值体系是在一定的社会生产方式制约下由社会崇尚和倡导的思想理论、道德准则、理想信念等一系列价值观所构成的逻辑体系"。在人类文明进程中，每个社会都会有自己特定的价值体系，社会核心价值体系的存在，主导着价

值多元社会中社会意识的主要性质和方向，通过对社会成员价值观的有效制约，使社会生活得以有序展开。它是维护社会良性运转的强大精神动力。精神动力是人类社会实践得以顺利开展的前提和条件，这个共同的精神力量是维系社会成员之间、社会成员与组织之间正常关系的基本前提。

社会存在决定社会意识，作为社会意识的核心价值体系也是伴随着社会生产方式的改变而变化发展的。回顾新中国的历史，每一次的经济政治制度及体制的变革，都会引起社会结构的深刻变迁和思想价值领域的巨大震荡，这大大增加了社会控制和社会整合的难度，并由此提出建立新的核心价值体系的时代要求。因为，通过新的核心价值体系的建立，把分散化了的各种社会力量重新整合起来，进一步地维持社会的稳定和生产的有序，保证统治的合法性，是建立新型社会、巩固新的社会制度的必然趋势。新民主主义革命和建设时期，毛泽东思想的产生与发展就使得中国人尤其是"原子化"的中国农民集合为强大的社会力量，打破传统乡村社会结构，再造乡村基层政权，重构乡村社会秩序，开始了真正意义上的乡村现代化进程。

改革开放以来，市场经济因素开始在乡村发育，这一方面消解着乡村地区原有的传统价值观念；另一方面也冲淡了长期努力在乡村地区培育形成的主流信仰和社会主义核心价值观。工业化、城市化中乡村经济社会的衰败，以及历史上某些乡村政策的失误，造成了农民的社会主义信仰危机，例如，国家和民族意识淡化、社会主义认同感下降、集体主义观念淡薄、党的基层组织在乡村地区的威信和凝聚力下降等。农民社会主义信仰的缺失，甚至出现信仰的多元化、功利化趋势，使农民群体又重回到原子化状态，使其作为一个整体的合作能力与一致行动能力大大降低。乡村社会生活出现一些失序现象：干群关系紧张、群体性事件增多。其原因之一也在于农民与基层干部的价值观念和行为准则不同，不能形成彼此认可及协调一致的行动，乡村文明的建设受到了很大干扰。这些严重的问题迫切要求对农民的信仰和价值观念进行恰当的引导，将核心价值体系的建设作为乡村文明的灵魂问题来加以重视。也就是说，在进行社会主义乡村文明建设的过程中，以完备的制度和政策体系支持乡村建设固然重要，但也迫切需要建立一套对当前制度和政策体系进行合理说明的价值和理论系统，这是目前乡村文明建设的最大难点。这客观上要求指导乡村社会发展的核心价值必须与现行的政策和制度具有高度的配套性和内在和谐性，而这在乡村实践中是非常困难的。因为伴随乡村市场体系的发展，各种不同的具体乡村政策常常各有不同的理论和价值背景，这样就会出现：当单独评价某一个政策的绩效时是很好的，但一系列政策同时在乡村地区施行却可能造成很大的混乱。各项制度与政策在乡村实施过程中由于无法形成统一合力，反而互相影响、互相抵消，使乡村基层干部的工作难以开展，农民群众也无所适从，这也是为什么在社会主义乡村必须强调社会主义核心价值体系建设的重要原因。只有使当代中国的乡村文明建设紧紧围绕着社会主义核心价值体系，乡村文明才能真正成为社会主义文明中的最重要的内在组成部分。

从历史的角度看，当代中国特色社会主义核心价值体系，无论其内在本质与外在形态发生多大变化，都自觉不自觉地携带着几千年来中国传统社会核心价值体系的遗传基因，两者的血脉关联无法割断。因此，在我们构建当代乡村核心价值体系的时候，就不能不对具有明显的传统社会核心价值痕迹的乡土文化进行必要的文化剖析，分离和抽取出仍具活力的可用资源，将乡土文化中和谐、康宁、好德的价值观念和讲信修睦、出入相友、守望相助、疾病相扶持的传统道德与马克思主义、中国特色社会主义理论相结合，将中国传统文化的活智慧与马克思主义的新智慧综合起来，在社会主义发展和文明的跃迁中，重建农民精神信仰，使乡村核心价值观呈现出独有的中国特色、乡土特色，并成为农民现实活动的价值追求和精神动力。

五、乡村文明建设的方针：科学发展，"统筹城乡""两个反哺"

长期以来，受城乡二元经济社会结构的限制以及地理条件和人口因素的制约，我国乡村居民在基础设施规划、社会保障、劳动就业、教育卫生和住房等方面在很大程度上没有受到公正的对待。工农业发展不均衡、城乡经济发展不协调、社会资源流动不合理，这些都拉大了城乡差距并间接引起乡村社会内部的不平等。要解决这一问题，需要进一步深化乡村改革的同时，还必须改变对城乡关系认识的误区。今天中国的乡村文明建设，就是以统筹城乡为基本思路，以"两个反哺""少取、多予、放活"为手段，借助工业和城市的支持，吸取有利的社会资源，推进乡村建设事业的全面发展。在乡村文明建设中要始终贯彻好城乡统筹的大政方针，协调城乡经济社会的各项发展指标和建设项目，改变过去城乡分治的思维定式，积极调整国民收入分配结构。首先，国家应加大对乡村建设的政策倾斜力度，尤其是加大对乡村建设的财政支出和信贷投放，并把这种意识和行为真正落实到各项规划和政策的制定中。其次，加快建立城乡统一的生产要素市场，特别是促进城乡劳动力要素市场发展，为农民提供更多、更公平的就业机会，这也是促进农民增收、发展乡村社会的重要途径。最后，通过完善城乡统筹机制，将乡村生产生活基础设施建设和社会保障制度的建设纳入国家整体发展规划之中，尽快建立覆盖城乡的社会福利和保障事业体系。

通过"少取、多予、放活"的具体措施调整工农关系，工业反哺农业。一方面，通过切实减轻农民负担，增加国家对乡村各项建设的投入和科技支持等手段，贯彻落实工业对农业的反哺，将资金等生产要素更多地留在乡村，增强"三农"休养生息和自我发展的能力；另一方面，深化农村改革，理顺乡村各方面的关系，通过一系列改革措施（如土地征用制度改革；乡镇机构改革；县乡财政管理体制改革等）调动起广大农民的积极性，增强乡村文明建设的活力。所谓城市反哺农村，就是借助城市作为经济政治文化中心的优势，发挥城市先进生产力的扩散与辐射作用，改造传统农业，提升农业发展水平；将城市产业的部分产业链条向乡村延伸，带动乡镇企业的发展；通过城市第三产业的发展吸纳乡村剩余劳动力；还可以通过城市先进的生产要素向乡村流动，帮助乡村大力发展市场经济，建立起城乡之间各种形式的融合。尽管我国总体上已经进入了以工促农、以城带乡的发展阶段，但针对东、中、西部乡村地区的不同发展水平，以工促农、以城带乡的发展思路在乡村文明建设中也要因地制宜、因势利导。像长江三角洲这些已经和基本实现城镇化、工业化的发达地区，应制订科学规划，以如何实现"城乡统筹""两个反哺"作为工作重点；而对于中、西部欠发达地区，乡村文明建设应以发展农业生产和基础设施建设为重点内容，以农业综合开发、加强乡村物质文明和生态文明建设来逐步展开乡村文明建设工作。

　　当然，进行乡村文明建设并不是否认城市化发展，不能将二者简单地对立。人类社会的现代化，离不开工业化、城市化的发展（当然也离不开乡村的现代化）。从现代化的历史经验来看，城市化、工业化是人类从农业文明向工业文明转变过程中，必然出现的一种社会经济现象。更进一步讲，只有在工业化、城市化发展到一定水平，整个国民收入达到较高积累以后，"两个反哺"才能实现，才能形成城乡协调、共同繁荣的局面事实证明，在工业化初期，资源还在由农业和农村流向工业和城市的发展阶段，全面建设乡村社会显然缺乏必要的物质基础和思想条件。在现代化进程中，城市大工业的发展可以吸纳大量乡村剩余劳动力，在一定程度上可以促进农业的规模生产和劳动生产率的提高。同时，也可以借助城市文明的传播，转变农民旧的生活方式和陈规陋习，促进乡村向现代文明的社会进步。城市的发展尽管对乡村有诸多促进作用，是现代化不可阻挡的趋势，但城市的发展绝不能代替乡村的发展，因为农业事关人类生存的基础地位决定了农民阶层的无可替代的重要性，人类文明无论发展到何时，乡村社会和农民群体始终是其中重要的组成部分。乡村的发展进步标志着一个社会发展进步的程度。如果乡村不能实现文明和谐，整个社会也难以实现文明和谐。乡村文明建设的意义也由此可见一斑。

六、乡村文明建设的目标：文明传承，乡村优美，农民富裕

　　今天，我们要转变过去认为的乡村是中国现代文明的陷阱和泥潭的观点，超越农业文明与工业文明二元对峙价值观念，重塑当代中国乡村文明，为乡村社会的发展奠定价值根基，为中华文明的传承开辟道路。

乡村文明建设的目标最终归结于乡村社会作为"家园"意义上的文明复兴，乡土文化乃至于优秀传统文化的弘扬，是乡村文明建设的主旨。构建美好家园，最重要的就要尊重农民的主体位置，而乡土文化是农民尊严和价值的内在体现。挖掘传承乡土文化，促进乡土文化的繁荣和发展，一方面可以凝聚民心，激发农民的自豪感和幸福感，保持乡村社会的文化根基；另一方面，以乡土文化的形式传承中华文明，增强中华民族的精神动力。因为，中华民族的传统文化许多是以乡土文化的形式表现出来的，体现了中华民族的道德观念和精神风貌。然而我们不得不承认，工业文明的导入彻底改变了原有的农业生产方式，那些保留乡土文化气息的传统生产生活经验与乡村的现代化存在着矛盾，农民流动使乡村出现的性别比例、人口结构、养老方式、家庭规模、代际传承、组织管理乃至农民价值观念的诸多变化，使乡土文化以致中国传统文化受到了巨大冲击。乡村文明建设的终极追求就是要构建一个美好、和谐的乡村新社会，虽然"田、园、庐、墓"的自然景观和眷恋与认同的乡土情结可能不再是今日乡村文明的标签，但是通过乡村文明建设使"农业在传统与现代的交织中永续发展，乡村在城乡互动中成为'诗意地栖居'之所，农民则在乡土文化资源的开发与利用中被各种民间组织所整合"，构成为当代中国乡村文明的理想蓝图。中国社会自古就以乡村为本，尽管当前我国已跨入工业化社会，社会财富已不再依靠农业的积累，"但无论是过去、现在还是将来，决定中国社会形貌的因素依然是农村、农民和活在生活中的乡土文化。其鲜明的生态属性和社会文化属性，其自身所蕴含的强大的转换能力和惯性"成为建设乡村文明新思路的基点。

第二节　中国乡村文明建设的路径选择

社会主义乡村文明的建设不再单单是农村内部、农民自己的事，而是全社会、各行各业共同的事业，其追求的不仅是农村外观形式上的变化，而是农村内在社会结构上的变化。作为追求这种变化的结果，社会主义乡村文明的建设就是要把传统农业改造成具有持久市场竞争力和持续致富农民的高效生态农业；把传统农村改造成让农民能过上现代文明生活的农村新社区；把传统农民改造成能适应市场经济发展要求的有文化、有技能、有道德、高素质的现代农民，以形成城乡协调、共同繁荣的城乡一体化发展新格局。因此，在社会主义乡村文明建设过程中，必须建立吸引全社会广泛参与的机制，逐步建立改变城乡经济二元结构的新体制；必须在农村经济发展、农业综合生产能力提高、农民收入增加的基础上，从农村要素市场化、农村基层民主政治建设、农村社会事务管理、农村基础设施增强、农业生产经营方式变革、农村社会保障制度建立、农民生活方式改变、农村社会文明进步、城乡一体化程度提高等方面建立起具体可操作的指标来衡量社会主义乡村文明的水平，将现实的"三农"问题统一到社会主义的乡村文明的建设之中。

一、推进制度改革，保障农民的基本权益，给予农民平等的国民待遇

处在转型时期的中国社会，城乡差距、工农差距和地区差距依然存在，"三农"问题始终是一个沉重的话题。在"三农"问题的背后，却是挥之不去的城乡壁垒及其制度障碍，而制度障碍的核心问题是农民问题，是农民权益的缺失及对其权利的侵害。历史上，农民问题曾经是中国革命的根本问题。今天，农民问题仍然是中国改革开放和现代化建设的关键问题。城乡统筹条件下，给农民以平等的"国民待遇"是今后解决"三农"问题的治本之策，也是乡村文明建设得以落实的根本保证。

我国以户籍制度为主要标志的城乡分割二元体制结构原本是计划经济的产物，主要目的是工业化初期，为防止农民外流对城市生活造成冲击，最大限度地把农民稳定在农业上以促进农业生产的发展，为国家生产更多的商品粮和其他农

产品剩余。城镇户籍管理制度改革，取消了农村劳动力进入城镇就业的不合理限制。近些年，国家也在探索大中城市户籍制度的改革措施，逐步取消农业、非农业二元户口。这些改革有利于打破城乡分割体制，提高国家的城镇化水平，其中一个很重要的意义是逐步实现了公民身份的平等。然而，由于长期的城乡二元经济社会体制造成的各种制度壁垒根深蒂固，附加在户籍制度之上的相关社会经济政策以及由此形成的社会利益分配格局的错综复杂性，使农民至今有受教育的机会、享有社会保障和就业机会、享有医疗保健条件和社会公共福利等各方面与城市市民存在很大差距。所以，推进社会管理制度以及社会福利制度的相关配套改革，改变城乡二元社会结构，是一个比户籍制度改革更为根本的问题。户籍的一元不能代替体制结构的一元，只有从根本上改变城乡二元结构，才是解决农民"国民待遇"的根本。

事实说明，当前农民遭遇不平等对待的本质是社会公平的缺失和农民权利的不平等，建设并建成社会主义的乡村文明，首先需要实行城乡统一的经济、社会政策，赋予农民平等的发展机会和国民待遇，让公共服务更多地深入农村、惠及农民。国民待遇的城乡差别是一个几十年形成的、具有很强利益刚性的问题，既有社会结构的原因，更有政策和制度的原因，这也决定了消除这一差别需要做长期的努力。

（一）提高农民的发展能力

国民待遇的一个重要的基本要求，就是给每个公民提供最基本的发展能力，主要体现在使每个国民都能享受最基本的国民教育。从解决的目标上看，要提高农民的发展能力，就要使乡村和城市居民享有同等的义务教育权利。现在农村义务教育投入中政府投入已占了大头，即使这样，也应该清楚地看到，这种投入还是低水平的，远不能满足乡村义务教育发展的要求。实行"以县为主"的乡村义务教育管理体制，在一定程度上保障了乡村教师工资的发放，但这项政策总体上仍囿于现行体制框架，不能从根本上解决义务教育体制的城乡分割问题。要真正实现政府办乡村义务教育，必须按照建立公共财政体制的要求，加大中央和省级财政的转移支付力度，进一步调整乡村义务教育的管理体制和投入机制，真正把乡村义务教育的主要责任从农民转移到政府。政府还应加大对职业技术教育的投入力度，使更多农民得到政府资助的培训。乡村教育问题事关农民子女融入城市获得生存和发展的能力问题，也是事关国家和民族的未来竞争能力的大问题。从制度、政策以及相应的经济成本上看，发展乡村教育与"三农"其他问题相比，也是较容易获得解决的一个问题。

（二）保障农民的基本权益

随着乡村市场经济的发展，土地作为农民的基本社会保障的功能和作用逐渐减弱。因此，农民在面临市场风险的同时也面临同样程度的生活风险。快速的工业化与城镇化进程使农民的社会保障要求提高。

1. 保障农民的土地权益。我国目前正处在以农业为主导的经济向以工业和服务业为主导的经济转化的过程。伴随这一进程，城市住房和非农业用地的需求也随之增加，大量的农业土地转化为城市用地。由于国家具有垄断地位，通过给农民一定补偿的办法而非市场化的方式强行征用土地，用于城市建设，农民也由此永久丧失了土地的所有权。

从根本上解决失地农民问题，需要有新的立法和政策，既保证国家建设用地，又要给农民以公平的补偿，给失地农民以妥善的安置。要完善有关法律，保证国家为了公共利益的需要才动用征地权。为了切实保护农民利益，征地补偿应以土地的市场价值为依据，实行公平补偿，不能以侵害农民利益为代价降低建设成本。同时，为失地农民建立社会保障是保障失地农民权益的根本途径。

2. 保障农民工的基本权益。要清除对农民工进城的歧视性政策，如户口、身份、工作岗位、子女上学、社会保障等方面的限制，逐步建立城乡统一、开放的劳动力市场，真正做到城乡居民在发展机会面前地位平等。要优先解决涉及农民工的劳资纠纷、工伤事故纠纷、工作环境恶劣等方面的劳动权益问题。要解决农民工的基本社会安全问题，为他们提供最基本的社会安全保障，比如，医疗保障、养老保障、失业保险等问题。另外，加快城镇化进程，通过城镇化对农村剩余劳动力的转移，带动乡村经济的综合发展，为农民创造更多的就业机会，提高农民的非农业收入。

3. 保障乡村居民的社会福利。我国的城市居民各类社会保障由国家提供，城市职工还可享受退休养老保险、最低生活保障等多项社会福利。而乡村却只有少量贫困人口能享受到社会救济，农村五保户和军烈属的补助救济任务也由农民分担一部分。

（三）推进政府对乡村公共产品供给的制度创新

我国农民问题的根本原因是已有制度对农民的长期歧视和剥夺形成的。因此，解决农民问题的根本途径在于改革相关制度，确立以人的发展为基本价值取向的、公正的权利义务分配体系，为农民创造一个平等的生存环境，使农民的权利与义务由分离逐步走向统一，这是乡村文明不断发展与进步的一个重要标志。

就我国现实情况而言，制度创新比政策调整与组织重构具有优先的重要地位，制度上的有目的的、系统的创新，能够推动各项政策的调整与组织的重构，同时带来国民待遇问题的解决。制度创新的目标是消除对农民的各种歧视性政策，赋予他们与城市居民同等的国民权利。当前，农民与市民的权利与义务不平等最突出问题和本质性原因之一在于城乡区别的公共福利政策。长期以来，政府在公共产品和福利的提供方面，采取二元供给的做法，城市公共产品完全由政府提供，而在乡村公共产品供给上政府则是缺位的，其中不少农村公共产品如大江大河治理、农田水利基本工程，本应由政府组织管理并提供这些农民自己无法解决的公共工程，但是政府却不能供给或不能充分供给。许多农村公共产品的政府供给不足和农民自我提供（如长期以来农民对农村道路、电网建设以及农村义务教育经费的承担），不仅使农业再生产的外部条件遭到严重破坏，而且也加重了农民负担。这种体制的弊病不改革，农村公共事业就难以改善和发展，农民的权利与义务不平等问题也难以真正解决。因此，改革现行公共产品和福利供给制度，加大政府对乡村公共服务的财政投入，包括教育文化设施、公共卫生服务、公共交通通信等方面的投入，是农村居民逐步获得与城市居民同样的公共服务，享有平等国民待遇的制度保障。

二、发展现代农业，促进农民增收，夯实乡村物质文明

农业是国民经济的基础。这一点，既不能因农业比重不断下降而动摇，更不能因工业化水平和城市化水平不断提高而忽视。从发展的观念而言，现代化的首要目标就是满足人们维持生存所必需的基本需要，这也是社会主义乡村文明建设的首要前提和基本需要。因此，发展农业、农村生产力是建设乡村物质文明的首要任务，通过提升农村产业化和农业现代化水平，提高农业综合生产能力和增值能力来促进农村经济发展、农业效益和资源利用效率的提高，是乡村物质文明建设的主要内容。

（一）发展现代农业是建设乡村物质文明的基础

在计划经济体制下，农业的基础地位是通过高度统一的统派购制度以"保障供给"而确立的，并在严格的户籍制度约束下得以维持。改革开放初期，农民工的低工资和农民土地征用的低价格，使我国获得了加快发展工业化和城市化的低成本，但是这也在一定程度上压抑和破坏了农民农业生产的积极性，阻碍了农村生产力发展，农业的基础地位受到了影响。

21 世纪以来，中国进入到"两个反哺"的新阶段，农业作为国民基础地位的理念也进一步改变。为适应社会主义市场经济新发展阶段的需要，过去那种仅把农业作为"发展生产，保障供给"的传统观念已不能适应我国现阶段对农业的发展要求，需要树立新的农业基础地位观，那就是以现代农业为基础的地位观。建设现代农业，就是要在社会主义市场经济体制下，以市场为基础配置农业资源，以科技进步和工业体系做支撑，不断释放和拓展农业产业功能，提高农业综合生产能力，繁荣农村经济，形成农业可持续发展、农民长效增收和农村全面繁荣。只有树立这一新的农业基础地位观，才能从整体上完善"以工哺农，以城带乡"的体制、制度、机制和政策体系，中国的农业基础地位才能进一步巩固。

和谐发展理念要求系统内部诸要素之间的协调关系以及系统与外部环境之间顺畅的物质能量交换。农业作为一个系统，也需要农业发展与环境的和谐共生。发展现代农业不仅要尽可能多地生产满足人类生存、生活的必需品，确保粮食安全；同时还要坚持生态良性循环的原则，兼顾眼前利益和长远利益，合理地利用和保护自然环境和自然资源，维持一个良好的农业生态环境，实现资源永续利用。在实现从传统农业向现代农业转变的过程中，继承传统农业精华，从我国农业的现实约束条件出发，顺应世界农业发展趋势，实现农村经济社会活动与自然环境和谐发展是我国现代农业发展的必然选择。

发展现代农业是当代乡村物质文明建设的核心任务，也是改变我国农业低效与弱质化面貌、实现农民富裕幸福的基本途径。受家庭承包经营体制的制度性约束，以及人口转移速度和耕地规模的刚性约束，我国目前现代农业的发展，是在不改变小农户承包经营的前提下，通过其他生产要素来实现土地的规模替代，逐步实现农业的现代化。由于家庭经营本身存在与现代农业发展对农业社会化、商品化、市场化要求不相适应的一面，在发展现代农业的过程中，就需要找到一种有效的组织生产力的经营方式，即能够充分发挥家庭经营的优点，能弥补其缺陷和局限性，使农户走向市场，不再囿于粗放、依靠传统技术的经营形式，并实现小农经济本身的规模效益。这首先需要调整农业结构向以产业带发展和产业化经营转变。所谓农业产业化"是一种以农业生产为基础，以科学技术为手段，以市场需求为先导，融合第二、三产业的高质高效的超农业复合产业"。因此，在乡村物质文明建设中，应跳出农业抓农业，运用现代产业经营手段，开拓农业产业领域，促进农业结构优化升级。在新时期，农业已经不仅仅是满足人们衣食的传统产业，它还派生出农业食品产业、农业纤维产业、农业科技产业、农业装备产业、农业生态产业和农业文化服务产业，等等。推动现代农业产业化经营就是要重新整合旧体制下被人为割裂的农业产业链，使农业的多功能性得到了充分的发挥。在经营多种产业体系中，将自然完成农民由农业向非农产业的转换，增加农民的就业渠道，推动国民经济结构的优化调整。

其次，调整农村产业结构向城乡一体化的产业结构转变。在持续稳定发展第一产业的同时，积极发展农村第二、三产业，建立城乡一体化的产业结构模式。一方面，大力发展农产品加工及流通业，提高农村工业化水平，通过发展农产品加工及储运、销售等产业，为农村劳动力的转移扩大空间。目前，全国各地有相当一部分农村劳动力已转向了农村的第二、三产业，出现了一大批运销大军和经纪人队伍。同时，将乡村中小企业的发展同农业产业化经营结合起来，发挥农村资源优势，积极充当农业产业化经营的"龙头"。也可以引导企业向工业园区集聚，融入大工业发展体系，实现大中小企业协调发展和城乡经济一体化发展；另一方面，立足农村实际，搞好农村小城镇的规划，推进农村劳动力和农村人口的非农化。农村经济结构调整就是农村就业结构的调整。按城乡一体化的要求，搞好农村小城镇的规划，积极引导和促进小城镇建设与乡村中小企业发展相结合，促进农村工业化和城镇化同步发展。总之，农村的产业结构应该是一种现代"大农业"格局下的整合结构，即以农业为中心，农村三次产业重新整合，形成城乡产业融通、农业与非农产业相结合、资源利用最优化、综合效益最大化的城乡一体化产业结构。由此形成农村三大产业领域：第一领域是农业生产要素的投入与供应；第二领域是农、林、牧、副渔业的生产；第三领域是农产品加工和销售，以及各种生产性服务和市场建设等。

最后，农产品向高产、优质、标准、生态和安全转变。现代农业是高产、优质、标准、生态和安全的生态农业。因此，发展现代农业必须全方位（包括生产方式的选择、生产环境的良好和整个农村生态环境的保护）展开。同时，在全国加大生态保护、环境治理、科学栽培、新品种推广、新技术应用和标准化生产，提高农产品质量的优化、标准化和安全性，使农产品从整体上向高产、优质、标准、安全和生态转变。

（二）提高农民组织化程度，促进农户与市场的经济联系

农民专业经济合作组织是市场经济的产物。它是将处于市场竞争不利地位的农民按照平等原则在自愿互助的基础上组织起来、通过共同经营实现改善自身经济利益或经济地位的组织。农民专业经济合作组织是农业产业化经营的重要形式，其对挖掘农业内部增收潜力、推动农业产业结构调整、提高农民的组织化程度、增强农业的市场竞争能力、繁荣农村经济、增加农民收入等方面，都有着十分重要的积极作用。

在我国的农业基本经济运行中，为了克服家庭生产经营与市场经济的矛盾，确保农业从传统的小农经营方式向高度商品化的农业企业经营方式转变，培植并建立健全农村合作组织，提高农民进入市场的组织化程度是整合农民的一条有效途径。合作组织通过合作成员的团结互助，提高农业的生产规模和市场集中度，使农业和农民能够借助合作组织公平地分享社会经济发展成果。同时，借助规范化的农民合作组织，使分散弱小的农户与市场对接、与政府提供的社会化服务对接，以提高农民的市场谈判地位和政府公共服务的整体效果，减少公共资源的损耗和浪费。

发展农民专业经济合作组织要协调处理好几方面的关系：一是合作组织与内部成员的利益关系。合作组织要坚持为成员服务的宗旨，合作经营获取的利益实行惠顾返还的原则，最大限度地增加成员收入。制定较为完善的组织规章制度，

通过建立有效的激励和约束机制，调动组织成员的积极性，规范成员的经济行为。同时，在市场经济条件下，为了保持合作组织的稳定性，合作组织要留足公积金，以扩大服务、防范风险。二是合作组织与政府部门的关系。目前，各种形式的合作经济组织还不完善、不健全，在发展过程中具有很大的盲目性和局限性。政府应实施优惠经济政策，对农民专业合作组织的发展给予财政、金融等经济援助和其他政策支持。三是合作组织与农业产业化经营公司的关系。发展合作组织不是要取代"龙头"企业，合作组织应积极参与到农业产业化经营中，通过"公司+合作组织+农户"的经营模式，组织成员按照企业要求建设标准化生产基地，代表成员利益与企业签订购销合同、开展价格谈判等。四是政策引导与法律规范的关系。提高农民组织化程度，既需要法律保护，也需要政策支持。提高农民组织化程度，需要充分发挥政策的灵活性来引导各种农民组织的健康发展。但是当农民组织发展具备了一定的基础，特别是在涉及产权界定、分配关系等重大问题时，就需要完善法律法规，使各种农民组织在法律的框架内规范运行，在依法规范中促进发展，在自主发展中不断创新，健全完善农民专业合作组织。

（三）扩大农民择业空间，推动农村剩余劳动力有序转移

我国农村出现的大量劳动力过剩是多种要素相互交织的结果。计划经济时期，重工业优先发展的战略模式，不仅造成了农业生产长期低速增长，而且也使农业内部的剩余劳动力不断积累，农村隐蔽性失业严重。改革开放以后，乡镇企业吸纳了大量农村劳动力，实现了农村劳动力的大规模有序转移，一度使我国农村剩余劳动力的转移取得了历史性进展，然而 20 世纪 90 年代以来乡镇企业由于告别了"短缺经济"时代的优势，市场份额也在逐渐缩小。工业比例的失调和乡镇企业遭遇困境，削弱了其对经济社会发展的拉动能力，特别是吸纳剩余劳动力的能力。此外，乡村工业对劳动力的吸纳也不能从根本上改变大量劳动力滞留

农村的状况。

从总体上看，我国广大农村的劳动力资源相对于土地资源大大过剩，庞大的人口基数和人口的快速增长使农村劳动力的供给一直快于农村经济发展对劳动力的需求。近年来，由于城市的快速扩张，乡村土地被不断征用，农村土地资源锐减，人地矛盾日益突出。随着我国的经济增长方式由粗放型向集约型、由外延型向内涵型转变，过去由固定资产投入的高速增长而拉动的劳动力需求下降。同时，工业部门的技术结构升级，对劳动需求量相对减少，而对劳动者的文化素质和工作技能要求提高。目前，农村剩余劳动力向工业部门的转移与工业部门中技术、资本对劳动力的排挤同时发生。

对于当代乡村物质文明建设而言，有效地转移农村剩余劳动力，依然是增加农民收入、改善农民生活的重要手段。在统筹城乡战略指导下，如何适应新的经济发展形势及其对劳动力素质的新要求，建立健全组织机构，拓展农民择业空间，有效地推动农村剩余劳动力的转移是乡村物质文明建设的重要内容。在有序推进乡村剩余劳动力转移过程中，需要注意的是：首先，教育农民树立正确择业观念，引导农民多渠道、多元化就业。通过建立统一开放、竞争有序的劳动力市场和城乡一体化的劳动力就业政策服务体系，积极组织引导农村剩余劳动力参与劳务市场竞争，广开劳务对口合作渠道，拓展区外、境外劳务输出等择业门路；其次，大力发展农村义务制教育、职业技术教育、成人教育，提高农民的知识文化水平和综合素质。我国长期的二元社会发展模式使教育资源在我国的分布极不平衡，城市获得了大量的教育资源，而乡村的教育资源不仅人均占有量少，而且分布也极不平衡。此外，乡村教育资源从硬件、软环境来看也难以承担起为现代化社会培养合格公民的责任和合格劳动力的社会要求。鉴于教育资源分布的不合理，调整的刚性和城市文化相对先进的属性，我国政府应优先改革现行的农村教育管理体制，增大农村的教育投入，大力推进农村免费义务教育，让每一个农村青少年都享有受教育机会。在农村大力开展以农业技术、就业技能、法律知识等多层次、全方位的教育培训，全面提高农民素质。再次，加强宏观调控和科学规划，通过建设新兴城镇，使农村剩余劳动力形成合理的区域分流。小城镇因地域分布广、数量多，经济和职业技术结构同乡村劳动力的文化技术水平比较接近等原因，农民进入小城镇的难度和风险较低。新建扩建小城镇转化农村剩余劳动力的作用已被实践所证明。最后，改革现有行政体系，在农村建立与城市相结合的就业指导部门，把农村剩余劳动力转移纳入劳动部门管辖，引导农村剩余劳动力有目标、有序地向城市转移，减小农村剩余劳动力入城成本，同时也维护城市社会秩序的稳定。

（四）深化农村土地制度改革，促进土地流转，激活土地要素

土地作为农村社会最重要的生产资料，承担着农民诸多的社会保障功能，在农村社会经济发展中占据着极其重要的基础性地位。无论在新民主主义革命时期还是在社会主义的建设时期，农村土地问题都始终是关系我国农村稳定的大问题。只有解决好农村土地问题，才能真正解决好农民的生产生活和推动共同富裕。经过40多年的改革开放，我国已进入加快改造传统农业、走中国特色农业现代化道路的关键时刻。推进农村土地制度的改革，已成为当前我国农村社会经济发展中迫切需要解决的一项重要课题。

三、提升农民道德文化水平，培育良好社会风气，建设乡村精神文明

乡村精神文明建设是当代乡村文明建设的灵魂。社会主义乡村市场经济条件下的精神文明建设，包括乡村思想建设和乡村文化建设两方面内容。它是与乡村物质文明建设相对应，随乡村物质文明建设发展而发展的。乡村物质文明建设和市场经济发展，一定程度上解放了农民的思想观念，开阔了他们的视野，使他们渴望建设新生活。与此同时，市场经济和城市文明又从价值观、道德观、社会观等各个方面冲击着乡村传统文化和乡村中传统的社会主义文化，这对乡村精神文

明建设提出了挑战。因此，乡村精神文明的建设应立足农民和乡村，通过与农民切身利益和精神生活相关的文明建设活动，不断提高农民的思想、道德和文化水平，丰富农民精神生活，重建农民精神世界，增强广大农民对乡村的归属感和自豪感，培育乡村互助合作精神，增强乡村社区凝聚力。

（一）立足乡村文化，构建乡村精神文明

乡村的精神文明建设不是乡村社会的自在产物，它是在对乡村进行社会主义物质文明建设的过程中应运而生的。对于乡村精神文明建设而言，首先面临的就是如何将乡村的传统文化与社会主义精神文明结合起来的问题。乡村文化是"以儒学为主体，体现中华民族的诚信、中庸、厚道、内敛和慎事的文化"，它是乡村共同体的精神家园，是一个有其自身存在价值的特殊的意识形态。伴随着工业文明、城市文明的兴起，乡村的边缘化影响了乡村文化张力和文化活力的发育，从而使其陷入一种封闭状态。社会主义乡村精神文明的建设，不是以城市文化来改造乡村文化、以工业文明代替乡村文明，而是吸收乡村优秀文化，对乡村文化进行扬弃的过程。面对当前我国乡村文化面临的优秀文化遗产流失、封建落后文化抬头、文化交流融合缓慢、农村内部文化组织松散、农民文化自主创新不够、农民整体素质较低等问题。乡村精神文明建设要形成适应乡村特点的完整的新文化，就是要形成一个政府引导、市场推动、农民自主创新的"一体多元化"的中国特色乡村先进文化体系，其最终目的是实现乡村社会主义文明。在这个过程中，只有不断融合当今乡村优良的传统文化，依靠社会主义精神文明建设实践来实现。因此，乡村精神文明建设的实践应该以乡村为本位，发挥广大农民的主体性作用，开发和保护优秀的乡村民间文化，培育出具有深厚中华文化根基的社会主义新乡村文化形式。

从乡村实际出发，乡村精神文明建设在确定建设目标、供应文化产品、设置公共文化服务体系、设计文化宣传内容及手段、安排文化活动形式等方面都要充分考虑乡村文化的特点，既要符合农民的心理特点和职业特点，又要适合农民群体的需求结构。采取农民喜闻乐见的大众化形式，贴近农民的生活，符合乡风民俗，把文化宣传和文化活动开展到田间地头和农民工工作区。在乡村精神文明建设载体的设置方面，通过政府的扶持补贴，充分利用乡村社会资源和各种文化载体，如各种农民文化夜校、信息传播中心、农技辅导中心等，用通俗易懂的形式将现代文明理念和现代农业科学技术传播给广大农民。

在乡村精神文明建设中，我们要努力发掘农村的村落文化、乡土文化，注意保护乡村文化的多样性，在挖掘、弘扬乡村文化艺术形式的同时，注入现代内涵，实现民族文化的传承。因此，在当代乡村精神文明的建设中，一要注重发掘、整理和保护乡村优秀民族民间文化资源，如民间戏曲、民间传说、民间游艺、民歌、舞蹈等，抢救即将失传的乡村文艺形式，做好中国民间文化遗产抢救工作；二要注重开发具有民族传统和地域特色的民间艺术和民俗表演项目，推广以民俗为核心的民间文化，形成文化生产力，增强乡村居民的凝聚力、向心力和社会认同感。

（二）提高村民素质，形成良好的社会风尚

人的素质包括政治素质、思想道德素质、科学文化素质、能力素质和心理素质等多个方面，其中科学文化素质是基础素质。从总体上来讲，占全国人口绝大多数的农村居民各项素质都相对较低，离社会主义现代化的要求还有较大距离。

乡村精神文明建设的目的就是要不断提高村民的思想、文化和道德水平，在乡村形成崇尚文明、科学的社会风气，建立和睦相处、互帮互助的良好社会关系。农民是乡村建设的主体，是乡村文明的建设者、受益者和表征者，农民素质的高低直接决定了乡村文明建设的成败，"有文化、懂技术、会经营"的高素质新型农民能有力地支撑乡村文明建设的实现。所以，推进乡村精神文明建设的首要任务就是提高农民的综合素质，这体现了乡村文明建设以农民为本的基本

要求。

　　建设社会主义乡村精神文明，关键是要设法提高广大农民的思想道德素质和科学文化素质。首先，应以马克思主义为指导，加强中国特色社会主义理论、党的基本路线和方针政策教育；强化农民爱国主义、社会主义、集体主义教育；引导乡村群众正确处理国家、集体、个人三者之间的利益关系，不断加强农民的思想政治教育。同时，要培育农民建立符合市场经济发展的开放观、市场观、竞争意识，让农民尊重科学、懂得科学、自觉创造，用科学的手段发展经济，努力形成"学科学、爱科学、讲科学、用科学"的良好社会风尚；培养农民的法治观念、平等观念、契约观念，广泛开展遵纪守法、社会公德、职业道德、家庭美德教育，培养诚实守信的道德情操。采取不同方式引导农民转变因循守旧、小富即安等传统落后观念，逐步形成适合于农村现代化建设需要的思想道德和价值观念。其次，要加快发展农村文化教育事业，着重解决农村文化建设与发展为什么人服务这个根本性问题。重点普及和巩固九年制义务教育，政府在教育投入机制和政策优惠上要倾斜于乡村基础教育，确保"普九"工作的全面落实。在加强农村基础教育的同时，也要大力普及农村职业教育。在改革和完善农村教育体系的基础上，使农村教育向素质教育转移，造就有较高文化素质的新型农民。在农村相应地开办一些职业教育和技能培训，结合产业结构调整、发展特色农业的需要，开展针对性强、务实有效、通俗易懂的农业科技培训，一方面让农民掌握农业技术，进而掌握致富的本领；另一方面，培养适用性、技术性的农业科技人才。

　　在乡村精神文明的建设中，要促进文化、法律、道德的有机结合，以科学文化来提高村民思想素养，以社会公德来制约个人行为，以文明乡风来加强村民和谐。改变村民们的一些不合时宜的观念，为乡村经济社会的发展扫除思想观念上的障碍，增强农民发展经济、开拓创业的自觉性和主动性。

（三）开展公共文化活动，丰富农民精神生活

长期以来的城乡差距不断扩大的趋势，一定程度上降低了农民的幸福感。在目前乡村社会保障不足的情况下，农民所面临的现实经济压力及生存的窘迫感会加强部分农民的人生无意义感，缺乏人生进取精神。乡村精神文明建设的价值目标就是要提升农民的精神生活质量，让农民感受到乡村生活的乐趣和发现人生之真义，焕发出乡村社会特有的活力。

乡村精神文明建设的目标能否实现与精神文明建设所采取的有效形式密切相关。让农民群众积极参与精神文明建设，享受精神文明建设成果，要采取适宜农民的、让农民喜闻乐见的有效载体。乡村精神文明建设要为农民提供一个公共的、适合他们需要的交流场所，通过开展大众文艺、大众体育、大众活动，组织各种适合乡村和农民生产生活的文体活动，增加人与人之间的联系，使他们真正感受到生活的情趣。所以，在乡村精神文明建设中，首先要激活乡村传统文化载体，使广大农民拥有丰富多彩的精神文化生活。

在市场经济和城市文化冲击下，现代广播影视和网络大众传媒冲淡了乡村传统文化形式，乡村文化活动也日渐减少。因此，调动广大农民积极参与乡村公共文化活动的热情，首先，需要发挥民间文化的优势，挖掘传统地方特色，开展形式多样的具有浓厚乡土气息的群众文化活动。通过乡村传统文化活动和形式，寓教于乐，把现代、文明的先进思想文化和理论与乡村公共文化活动结合起来，引导农民树立正确的价值观和人生观。政府和各级文化部门要结合本地实际，开展内容健康的文娱活动，如秧歌、老年人腰鼓、龙舟比赛等，使广大农民群众有参与娱乐、发挥特长的去处，特别是以民族传统节日为载体组织开展民俗表演、民间戏曲演出、书画展览、农民体育运动会等各类群众文化活动，提高农民参与乡村文明建设的兴趣，让他们在文化活动的参与中接受教育、陶冶情操。其次，通过开展精神文明创建活动，调动农民群众参与精神文明建设的积极性。在诸如

"文明村""文明户""五好家庭"等活动的评比中，把诚信意识、公德意识等纳入评选的标准，使精神文明建设内容随着新形式新活动的展开而不断得到广泛传播。最后，还可以动员组织城市文艺工作者送歌下乡、送戏下乡、送电影下乡，与乡村组织共同开展乡村文化活动，丰富和活跃农民的精神文化生活。

在活跃乡村公共文化活动的过程中，乡村文化基础设施的建设也是不容忽视的问题。乡村文化基础设施的建设，可以为公共文化活动提供有效的文化活动平台。国家和地方政府应在财力上积极支持农村文化基础设施建设，以政府为主导、以乡镇为依托，建立多渠道、多层次的资金投入机制。构筑以广播电视为纽带的文化传播网络，实施农民体育健身工程，扶持农村业余文化队伍，用健康向上的文化占领农村思想文化阵地，为农民群众提供良好的精神食粮。通过农村公共文化服务体系的完善，将更多的公共文化资源有效地投入到村庄，营造良好的文化氛围，并让健康的文化活动成为农民日常生活的一部分，在潜移默化中提高他们的素质，完善他们的精神世界，形成科学文明的生活方式。

四、健全和完善村民自治机制，保障村民民主权益，建设乡村政治文明

乡村政治文明是乡村政治发展的取向和价值，乡村治理方式创新是乡村政治文明的重要实现形式，并伴随着经济、社会、政治的发展而不断提升。村民自治作为我国社会主义政治文明建设中的积极成果，在过去多年的实践中已经显示出在我国政治文明建设中的重要作用。目前我国的村民自治机制需要不断在制度、组织方面进行理论和实践的深入探索，建立乡村基层民主政治建设的制度平台、转变乡镇政府职能、引导乡村各种新型的社会化服务组织发展等，以实现社会主义乡村民主政治的制度化、规范化和程序化发展。

健全村党组织领导下的充满活力的村民自治机制，实现政府行政管理和基层群众自治的良性互动，是完善乡村民主政治，建设乡村政治文明的根本目标和内在要求。

（一）加强制度化建设，保证村民自治规范有序运行

村民自治是国家权力向农村社会渗透和农村自主性力量增长动态平衡的结果。我国改革开放以后实行的村民自治，是我们党总结历史经验，顺应新的经济发展形势做出的重要决策。

民主是一种理论，更是一种实践。在进行乡村政治文明建设时不能只一般性地承认农民当家做主的理念，而是通过一系列的制度、程序、机制将农民的政治权利具体化，有效地推进乡村政治文明建设的进程。民主的制度化是保证民主政治健康发展的基本前提。村民自治是我国乡村基层群众民主自治制度，也是我国乡村民主的重要形式，只有制度化、规范化的村民自治才能保障和促进乡村"基层民主"的真正落实。因此，乡村政治文明的建设必须把制度建设贯穿其中，把那些实践中行之有效的好经验、好方法，用制度形式固定下来，让不同阶层人们的利益有制度化的表达渠道，使人们在政治生活中遇到的问题能通过制度化的途径加以解决。实现村民自治有章可循，才能使乡村干部和村民在行使各自的职能和权力的过程中，不断规范自己的行为，提高自身民主政治素质，逐步实现社会主义乡村基层民主政治的制度化、规范化发展。

从我国村民自治的进程看，村民自治已经初步具备了制度化水平。当前，村民自治的制度建设应注重从两个层面来加以推进和完善，一是村民代表会议制度。村民代表会议的主要任务是对涉及村民切身利益、本村发展重大问题等进行决策的必须程序。在农村社会实践中，村委会常常出现行政化和政治化倾向，失去了自治的意义，村民代表会议原本价值得不到实现。完善村民代表会议制度的关键在于，通过制度来使村级决策程序、决策规范、决策过程成为自治的平台和通道。二是村务公开制度。村务公开制度要求凡是涉及村内村民具体利益的公共事务方面问题，都必须向村民公开，以最大限度地保证村民合法权益，这是对村委会和村干部进行监督和制约的重要前提。村民自治的实践证明，村务公开制度

对于降低自治成本，强化自治力度，形成切实有效的监督制约机制，使农村政治运作透明化、公开化，化解农村的热点难点问题，释放和疏导村民的政治能量，推动乡村政治文明进程具有重要作用。村民自治的制度建设，能够促使村民委员会真正发挥自治作用，对村级事务进行自我管理。建立健全村民自治机制，既能充分发挥党组织的领导核心作用，又能体现村民当家做主的地位。由此，把坚持党的领导，充分发扬民主和严格依法办事统一起来，将农村各项事务的管理纳入健康、规范的制度轨道，实现参与有秩序、决策有程序、理事有章法、监督有成效，是乡村政治文明的重要途径。

（二）推动乡镇职能转变，理顺乡镇政权与村民自治的关系

20世纪80年代末，为了适应家庭联产承包责任制，在乡村政治方面保证村民生产经营主体的地位，同时也为了组织村里的公益事业及公共服务事业，我国村民自治的乡村治理模式应运而生。村民自治的有效载体是村民委员会，村民委员会作为农村基层群众性自治组织，平衡着农村社会与国家的关系。作为我国农村基层民主政治建设的有效组织形式，村民自治有力地促进了我国乡村政治经济的发展。

当前，乡村政治文明建设的重点应进一步厘清乡镇政府的职能，明确乡村自治的内容，以实现二者在边界清晰基础上的乡政—村治的良性对接。为此，应加快推进乡镇机构改革，强化乡镇政府公共服务和社会管理职能，建立起精干高效的基层行政管理体制，为乡村经济社会发展创造有利的环境。一方面就乡镇政府的职能转变而言，乡镇政府应该完成由吸取向服务的转型，把为农民提供公共服务、公共产品作为自己的主要职能，寓管理于服务之中。要完成这一职能转变，最为关键的是要树立现代性治理规则，即乡镇政府应该把自己的角色界定为农民的公共服务组织，维护农民的公民权利，并将这一角色和关系制度化。另一方面，要更新和变革农民的价值观念，塑造合格自治主体。教育农民认清国家富

强、集体发展是增进农民利益的可靠保证，提高他们维护公共权威和社会公共利益的自觉性，排除各种非理性因素对村民自治的干扰，使农民真正成为"理性行动者"，由此推动村民自治规范有序运行和健康发展。

在转变乡镇政府职能的基础上，要顺应现代乡村治理的要求进行民主转型，建立乡镇政府与乡村社会的新型关系，革新乡镇政府的运作模式，形成市场、社会自治主体和政府的协同共治。一方面乡镇政权不得干预依法属于村民自治范围内的事务性工作。尽管由于历史原因，在目前情况下有些农村事务还需要政府的帮助和扶持，比如乡村的公益服务事务，但是乡镇政权依然需要明确其权力渗透的边界，积极引导村民自治改革进程和发展方向、规范村民自治行为。村委会也要依法协助乡（镇）政府完成各项行政工作任务，履行法律规定的各项义务；另一方面要建构多元化的民主合作机制，进一步增强乡村社会的相对自治性。拓展乡村居民民主参政的渠道，使之有足够的政治权利参与到乡镇的选举、决策、管理和监督等诸多层面和各种事务当中，有能力纠正基层政权侵犯农村社会和农民利益的行为，从而真正实现国家与乡村社会在乡村治理过程中的全面、积极和有效的合作。

（三）健全村民自治机制，发挥村民自治组织的作用

社会主义乡村政治文明建设是一个长期、艰巨的过程，它需要有乡村的经济、社会和文化条件相配合。现阶段，我国乡村政治文明建设要根据我国乡村社会实际，以村民自治作为起点和突破口，使其制度化、规范化、程序化进行。坚持"四个民主"的管理机制和法治原则，依据国家法律制度和村民自治章程，加强对村委会工作的有效监督。

同时，把村民普遍关心的与他们切身利益紧密相关的问题反映到村民自治组织的民主决策机构，通过民主协商的途径妥善解决。这样，一方面促进了农村基层社会管理活动正常、有序地进行；另一方面，它又保证将村民政治参与置于一

定的规范和可控范围之内，确保乡村社会的稳定，从而为乡村文明建设创造良好的社会政治环境，最终达到村民自治与乡村政治文明建设相互促进，良性互动。

村民自治组织是村民自治机制运行的载体，正是通过村民自治组织这种乡村基层民主形式，广大村民才能真正享有社会主义赋予他们的民主权利，逐步形成和强化公民意识和民主观念，形成农村基层民主建设的持续内驱力。所以，村民自治组织的良性发展对于乡村政治文明的全面推进至关重要，完善村民自治组织的体系和功能，健全村民自治机制，是当前乡村政治文明建设的重要内容。一是完善村民自治组织体系。《村民委员会组织法》规定村民自治组织体系包括：村民自治的权力机构——"村两会"，即村民会议和村民代表会议，其中村民会议是最高权力机构，对涉及全体村民利益相关的事项有最高决定权；村民自治的执行机构是村民委员会，是村民自治的实际执行者；村民自治的监督机构是由"村两会"推选产生的"村两组"构成，即村务公开监督小组和村民民主理财小组，对村民委员会实行监督职能。在新时期条件下，为了更好地服务于村民自我管理、自我教育、自我服务的需要，在《村民委员会组织法》基础上，需要进一步对自治组织进行权力的合理分工和有效的制约，明确各机构职责范围，分工负责，进一步健全以村民会议、村委会、村民代表会议、村民小组为主体的村民自治组织体系。二是推进"四个民主"的协调发展，健全村民自治组织功能。规范和完善村委会民主选举制度，逐步建立普遍直选机制。改变过去乡（镇）政府操纵村委会的选举现象，借鉴人民群众创造的"海选"办法，既不提名候选人，也不确定正式候选人，由具有选举权的所有村民在全体选民范围内根据自己的意愿确定自己要选的人，并由具有选举权的所有村民在候选人中进行差额选举。通过一定的组织手段，依法保障落实农民群众的推选权、直接提名权、投票权、罢免权；要尽快完善村民民主决策、民主管理、民主监督制度，以保证民主的真实有效；建立议事决策机制，解决有章理事、有序办事，保证村民、群众对村级重大事务的讨论决定权，落实民主决策；建立监督评议机制，保证村民和代表对村务实行事前参与、事中介入、事后评议，落实民主管理和民主监督，从而充分发挥农民群众在村级治理中的主体作用。三是建立"村支两委"的协调机制。从制度上对村党支部和村委会的各自职权范围做出合理的界定划分。村党支部应当避免行政化的倾向，而应将主要精力放在指导村经济政治发展方向、协调村内各类组织之间的关系和自身组织建设等方面上来，实现权力资源的合理配置和权力关系的法治化，确保权力体系的稳定性和权力运作规范、有序；村民委员会根据法律制度尽可能自主处理村内的事务，村党支部应支持和帮助村民委员会独立负责地开展活动；提高村民代表会议的法律地位，强化村民代表会议的组织功能，形成村民代表会议决策下的村民委员会执行模式；针对当前中央鼓励村主任和村党支部书记一肩挑的形势，应该通过村民代表会议协调村党支部与村委会之间的关系，村民通过村民代表会议直接行使自治权，村党支部对村里的重大问题提出建议，经村委会提交村民代表会议审议通过，从而在村民代表会议下不同利益主体的博弈过程中形成统一的乡村意志，完成对乡村社会的有效治理。

（四）规范乡村民间组织，整合乡村自治资源

村民委员会是国家政权在乡村最基层的延续，虽然其本质是村民的自治组织，但它对于实施乡村治理、建立良好的乡村关系、发挥政府与农民的桥梁与纽带作用等起着至关重要的作用。随着社会主义市场机制的建立与完善，乡村社会所有制成分及其实现方式，农民择业、农民利益，乡村社会结构等方面都已经出现多元化发展态势，在农村产生和形成了各种形式的民间社会组织和机构，并且数量逐渐增多，覆盖面也在逐步增大。这些组织从各个层面把农民组织起来，提高了农村社会的组织化程度，在农村社会治理和农业现代化中也发挥着重要的作用。

目前，我国的乡村社会自主治理主体有两个：一个是村民自治组织。在村民自治组织中村委会实际发挥着村民自我管理、自我教育、自我服务的作用，是我

国乡村基层政治组织的主要载体；另一个就是乡村民间组织，尤其是乡村专业经济协会已经成为乡村民间组织的主体，是乡村自主治理的有效载体。目前在我国乡村形成了以村委会为核心，其他各种民间组织参与社会公共生活的制度模式。在各类乡村民间组织中，乡村经济合作组织占较大部分。乡村经济合作组织得以存在并获得大发展的意义在于，通过这种组织化的形式，可以把分别从事生产、加工、销售的农民组织起来，借助于各自优势及其组织优势，最大限度地实现村民共同利益的最大化。同时，在实践中也有助于培育农民的组织和制度意识，有利于乡村组织化和制度化发展，是现实条件下我国农村制度化发展切实可行的途径和载体。除了乡村经济合作组织，乡村还出现了一些农民维权组织和一些综合性的社会组织，他们在沟通政民关系、化解社会矛盾和维护社会稳定方面也显示出了一定的积极意义。

借助乡村民间组织，村民不仅进行多向度的合作与协助，而且在乡村治理中能够发出自己的声音、维护自己的合法权益，既有利于村民监督政府，提高他们对乡政与村治事务的参与意识，又可以降低政府直接控制乡村所导致的成本，减少政府管不胜管所带来的失误。当前我国乡村民间组织还处于起步阶段，由于多种因素制约，发展非常缓慢。有的民间组织经济实力弱、经营规模小、人才结构不合理，在市场经济中还处于劣势地位；有的乡村民间组织内部管理不完善，组织结构不健全，组织之间缺乏诚信、无序竞争等，制约了民间组织的健康发展。总体而言，目前我国乡村民间组织的总量有限，覆盖面还不大，发展也不平衡。

乡村民间组织的发展离不开政府的配合和支持，一方面，它能够协助政府工作，担当政府的某些社会功能。另一方面，政府的职能转变和制度创新又是其发展的必要条件。目前针对乡村民间组织发展出现的问题，在当代乡村政治文明的建设中应进一步规范和发展乡村民间组织，整合乡村建设力量，激发乡村社会内部的发展活力。首先，对民间组织进行根本性立法，在深入调研和广泛征求意见基础上，研究制定我国民间组织发展的基本法。建立、修改、完善各项专业性民间组织的专项管理条例，使其更具有针对性和操作性，营造出一个有利于乡村民间组织健康发展的制度环境。当前需要进一步实施好《农民专业合作社法》，修订完善《农民专业合作社示范章程》，制定农民专业合作社登记办法以及农民专业合作社财务制度和会计制度等配套法规制度来规范乡村民间组织的建立；其次，加强教育培训，提高乡村民间组织成员的素质，加强组织的公信度。政府通过分类指导，举办各种类型讲座、培训班等形式，培养组织成员的志愿精神、利他主义和使命感；开展诚信教育，为乡村民间组织诚信机制建设奠定基础；建立完善的财产、分配、积累等制度，完善乡村民间组织的监督机制，强化组织自律；还可以通过政府监督、社会监督、对乡村民间组织实行年度审核制度等办法，运用行政、法律等手段监管其合法运作，保证乡村民间组织的公信度。最后，加大扶持力度，提升乡村民间组织自身发展能力。对于乡村民间组织的发展，政府应实施能促进其发展的政策，给予财政、物价、信贷、司法、工商税务和劳动人事等方面的支持。除此之外，乡村民间组织也要健全组织内部管理制度。实行制度化的科学管理，加快建立健全各项规章制度、工作流程，如民主决策制度、员工岗位职责和行为准则以及服务制度和服务工作流程等，通过科学管理提高组织的持续发展能力。

五、完善乡村公共服务，增进农民社会福利，建设乡村社会文明

乡村文明建设离不开稳定有序的社会环境，而稳定有序的社会环境与乡村社会文明建设密切相关。乡村社会文明是农民形成科学、健康、文明生产生活方式和构建安定有序乡村生活的重要保障，也是体现当代乡村文明程度的基础条件。因此，当代乡村社会文明建设应着眼于提升全体乡村居民的生活质量，增进其生活满意度及福利，进一步提高乡村公益水平，繁荣乡村社会事业。当代乡村社会文明的建设要加快发展乡村社会事业，使乡村社会在教育、医疗、社会保障、基础设施等方面逐步缩小与城市的差距，确保农民生活安康，让农民在生产生活过

程中与城里人一同享受现代文明进步成果，使社会主义文明的发展成果惠及广大农民，这也是当代乡村文明建设的出发点。

长期以来的城乡二元经济社会结构，不仅导致了城乡差别的日益扩大，也给乡村社会稳定与文明和谐带来了巨大隐患。要消除由于城乡差别导致的乡村社会的衰败颓势，提高乡村居民的生命尊严，需要通过政府主导和社会参与等多种方式，真正建设好乡村的社会文明。

（一）重视乡村教育，体现城乡教育公平

中国共产党自始至终把对农民的教育作为中国革命和建设的主要内容。农村教育水平的高低直接关系到整个国家的文化教育事业和国民素质的提高，农村教育事业发展既是乡村社会文明建设的重要发展目标，更是当代中国乡村文明形成的基础性前提。

现阶段，在社会转型的过程中，我国乡村教育发展呈现出不平衡的特点，一方面乡村经济得到快速发展，而乡村教育文化事业和相关配套基础设施却相对滞后，受重视程度不高；另一方面，乡村教育与城市教育存在较大差距，表现为教育基础薄弱，支撑体系不完善，整体发展滞后。和农村其他事业部门比较，我国农村教育经费投入不足而且存在被挤占和挪用现象。从教育发展规律和我国教育发展目标看，我国农村教育还存在着布局不够合理、教育教学质量偏低、师资力量薄弱等问题。这些因素成为制约我国教育公平的主要因素。

城乡教育公平是指城乡居民在教育活动中的地位平等和对教育资源的公平占有。它是一个与城乡发展及社会发展需要密切相关的概念。其内涵主要包括三个层次：一是城乡教育起点公平。起点公平是教育公平最基本、最明显的标志。城乡教育起点的公平是指尊重和保护城乡每个公民的基本人权与自由发展，包括教育权利公平和教育机会公平。教育权利公平是教育价值层面上的公平，人人享有受教育的权利是人的全面发展的必要前提。二是城乡教育过程公平。它是指在实现起点公平后，通过相应的制度、政策继续体现和维护城乡教育公平，包括形式上、内容上、质量上的公平，具体表现为教育资源、经费投入、教学课程设置、师资力量和师生关系互动中的公平。三是城乡教育结果公平。城乡教育结果公平是最终体现在学生学业成就上的实质性的公平，即学业成功并被社会所接纳的机会均等。它以承认个体差异为前提条件，学生大体上都能获得一致的学识水平、能力水平、道德发展水平，符合培养目标的要求，同时个性得到较为全面的发展，潜能得到较为充分的发挥。

维护和实现社会公平涉及最广大人民的根本利益，是社会主义的本质要求。教育公平是社会公平、稳定、自由、和谐的基础。优先发展公平公正的教育，是我们国家和民族的重大战略选择，是国家富强、民族复兴、人民安定和谐之本。我们应该从这个高度上认识和促进城乡教育公平，促进乡村文明"人"的要素的充分发展，最大限度地发挥他们的积极性和创造性，为社会主义乡村事业的发展和构建和谐社会提供强大的智力支持。

要促进城乡义务教育均衡发展，除了实行免费的义务教育之外，还要不断改善乡村办学条件、提高教育质量，建立乡村义务教育稳定投入机制，加大政府对义务教育的投入力度。这需要我们首先要加大宏观调控力度，统筹城乡教育均衡发展，这是体现社会公平，构建社会主义和谐社会的必然要求。因此，政府需要把城乡教育公平理念贯穿于教育决策制定和实施的各个环节之中。在教育政策上要向乡村倾斜，以加快乡村教育事业的发展。实施城乡帮扶计划，开展城乡教育帮扶工作，努力缩小城乡教育差距。通过建立城乡教育对口支援和交流制度，加快农村教育，促进城乡教育协调发展。其次，优化教育资源配置。通过对社会教育资源统筹规划、合理配置，确保城乡受教育对象都能获得相对公平的受教育权利。例如，通过强化乡村教师的继续教育，实施中西部农村教师培训工程；保证教师工资按月足额发放；确保农村中小学的校舍与教学设备、课程设置、教师编制达到国家规定的标准等措施，打破原有的教育投资体制，实现城乡一体、平等对待。最后，加强对乡村教育的投资保障，缩小城乡教育投入差距，改变乡村教育投入主要由县乡承担的局面，加大中央政府和省级政府在普及义务教育中的责任。对承担教育直接责任而财力不足的县级政府应加大转移支付的力度，在制度上减缓和解决农村教育财政不足的问题。在强化政府义务教育经费投入主体作用的同时，优化投入结构，确保基础教育经费的增长。

（二）推进乡村社会事业，保障农民安居乐业

乡村社会事业对于民生改善是非常重要的。没有必要的乡村社会事业，不仅民生改善不可能实现，就是真正意义上的乡村社会也不可能存在。乡村社会事业是农业和农村经济发展的重要支撑，是改善农民生产生活条件的重要物质基础。就此而言，任何农村社会都应当在经济发展的基础上促进乡村社会事业的发展，以便为民生改善创造必要的条件。近年来，我们党和政府多次提到提高国民的幸福指数、提高居民对自己生活的满意程度，人民"幸福"已成为构建和谐社会的一个重要目标。就中国乡村现实情况而言，加强基础设施建设，改善农村公共服务，是推进乡村社会事业发展的重要内容和关键环节，也是改善民生和提高乡村居民"幸福"程度的重要渠道。改革开放以来，随着国家经济实力不断增强，我国城市基础设施和公共服务条件显著改善，但农村基础设施和公共服务明显落后于城镇，社会事业的农村需求与社会事业的农村供给之间的差距越来越大，矛盾越来越突出。现阶段，加快发展乡村社会事业具有非同寻常的重要性和紧迫性。

改革开放以来，社会分化迅速，不同社会群体在改革中的获益程度不一。农民的利益实际上遭受了相对剥夺，比如，金融危机冲击下被迫返乡的农民工、征地拆迁过程中的相关农民、农村贫困人口等。尽管社会差距过大与经济增长、财富分配的不当模式以及经济体制有关，但是由于乡村社会事业发展不充分，不能给农民提供适当的保护、支持、服务与关爱也是一个重要原因。在一定意义上，

乡村社会事业发展得不充分，加重了农民的无助感和受挫感，使得他们有意无意地疏离主流社会。虽然改革开放以来我国一直努力建设具有中国特色的乡村社会保障体系，但是，城市化、工业化进程对社会资源的占用使这些努力的效果也很有限，农民的安全感并没有显著提升，这直接影响了广大农民生活质量的提高，从而影响了农民对社会经济发展的满意度。改革开放以来，广大农民的经济收入在整体上是大幅度增加了，但是，物质财富的增多并不一定意味着生活质量的提高，特别是不能把物质财富的多寡看作是衡量生活美满程度的唯一指标。事实上，美好生活涉及物质财富之外的很多方面，比如，教育、卫生、文化服务以及环境质量等。

客观地说，改革开放40多年来，我国乡村在经济快速增长的同时，乡村社会事业发展也比较快，乡村社会事业管理体制和运行机制也在不断深化，广大农民在提高生活水平的同时，也能够享受一定的社会服务，生活质量也逐步提高。但是，整体上看，我国乡村社会事业的发展与经济发展还不相称，与广大农民不断增长的民生需求不相适应，特别是我国乡村社会事业发展表现出明显的不平衡性，乡村社会事业管理体制和运行机制改革尚未解决根本问题，农村社会事业发展效益比较低下，因此制约了民生改善。发展乡村社会事业，是惠及广大人民群众的民心工程。当前，乡村的基础设施建设问题、医疗问题、养老及最低生活保障问题都是在乡村涉及面广、程度深、受关注多的重点问题。乡村社会文明建设的重点就应体现在这些乡村社会公共事业的发展建设上。

首先，切实加强农村中小型基础设施建设。农村基础设施是直接关系到农业综合生产能力提高的"硬条件"，也是关系到城乡协调发展的"软环境"。与农民生产和生活直接相关的农村道路、水利等中小型基础设施过去主要依赖农民的集资和投工投劳。在取消农业税以后，多数地区还难以将其纳入各级政府基本建设投资的范围。今后国家基本建设的重点应转向农村，特别是各级政府要本着"明晰所有权、放开建设权、搞活经营权"的原则，大幅度增加以改善农民基本生产生活条件为重点的农村中小型公共基础设施建设投入，加强乡村的交通通信、供电供水和生态环境建设，提高农业的综合生产能力。

其次，逐步提高农民的医疗保障水平。要解决当前农民最迫切需要解决的看病难、医疗费用高、医保水平低的问题，需要逐步推进新型农村合作医疗，尽快改善农村卫生基础条件，发展农村卫生事业。一是从切实减轻农民就医负担和公平享有基本医疗服务出发，逐渐建立起中央和省市县财政、乡镇财政和农户共同投入的医疗保障制度，着重推进新型农村合作医疗的制度建设。二是健全农村三级医疗卫生服务和医疗救助体系。以县级医院、乡镇卫生院、村卫生室为依托，形成与农民收入水平相适应的农村县、乡、村三级卫生服务网络，提高农村卫生机构的服务能力和效率；坚持预防为主，扩大农村免费公共卫生服务和免疫范围，加大农村地方病、传染病和人畜共患疾病的防治力度。三是加强农村卫生基础设施和卫生队伍的建设，增加农村卫生人才培养和医疗设备的经费预算。此外，要积极组织城镇医疗机构和人员支持农村医疗卫生工作，鼓励各种社会力量参与农村卫生事业的建设。

最后，完善农村社会保障体系。现阶段，应着重建立农村最低生活保障制度、农村社会养老保险制度以及切实做好农村特困户救助和"五保户"供养工作。最低生活保障制度是政府为农民设立的最后一道安全网，以保障公民基本生存权利为目的。我国因地区间社会经济发展差距大，财政能力各不相同，各地区要从农村居民的最基本生活需求、物价消费水平、地区经济发展状况和财政收入情况出发，确定和调整本地区最低生活保障标准，尽可能使每一个需要保障的乡村居民都能享有最低生活保障。同时，要建立多层次的农村养老保险制度。由于我国经济发展极不平衡，庞大的乡村人口决定了很难依赖于由国家完全提供乡村的社会保障。目前，建立以我国法定基本社会保障为主体、乡村集体保障和家庭保障等并存的多层次社会保障体系，按照个人缴费、集体补助、政府补贴相结合的要求，逐步完善乡村社会养老保险机制是当前发展乡村养老制度的现实选择。

在有条件的地区，将家庭养老、土地保障和社会养老保险相结合，探索乡村养老保险制度新方法。此外，也要不断完善农村"五保户"供养、特困户生活补助工作，解决好偏远山区和受灾农民的温饱等。总之，按照统筹城乡发展要求，努力建立起与农村经济发展水平相适应的综合社会保障体系，是社会主义条件下改善民生和给予农民平等国民待遇的客观要求。

（三）推进城乡一体发展，促进乡村社会文明

实现社会主义乡村文明建设的有效途径是实行城乡一体化，这也是解决我国当前"三农"问题的途径。我国乡村建设问题始终是一个复杂的系统，其复杂性在于：农业现代化、农村工业化和农民市民化是国家工业化、城市化、现代化的子系统，它难以独立推进，这是改革开放前农村现代化建设处于被抑制状态的主要原因。改革开放后，农村现代化推进也并不顺利，"三农"问题依旧严重。因此，社会主义乡村文明建设，要从根本上解决乡村发展困局和农业农民的弱势，必须从形成这些问题的根源着手。

城乡一体化最核心的内容在于把城市与乡村建设作为一个整体来考虑，空间上互为环境，生态上协调相融，促使整个城乡经济社会持续、稳定、协调发展，达到共同繁荣的目的。城乡一体化对于促进乡村的建设而言就是"基本建成布局结构合理、功能齐全的城镇和乡村体系；基本建成比较完善的交通、通信等基础设施网络，使郊区和农村的文化、教育、卫生等公共设施和社会服务事业接近城区；基本建成与国际惯例接轨的经济运行机制和社会管理体制，改变二元经济和社会结构，使农民成为享受国民待遇的市民"。从整体来看，这也正是乡村社会文明建设的主要方向和目标。所以，统筹城乡经济社会发展的原则和方略，对于推进乡村现代化进程，构建乡村社会的文明和谐，实现全体人民共同富裕安康具有重大的战略意义。城乡一体化是建设乡村社会文明的应有之义。当然，城乡一体化发展并不是完全消灭城乡之间的一切差别，绝不是消灭乡村和农业的景象、

千篇一律地按照城市的景观去改造乡村，而是构造一个功能完善、环境优美、富裕文明的现代化新乡村。按照"以城带乡""以工促农""多予少取"的战略方针，通过促进乡村的社会进步，提高乡村社会的文明程度，使城乡差距趋于缩小，城乡地位趋于平等。让农民在就业、教育、社会保障、医疗、基础设施等方面享受与城市居民同等的待遇。总之，统筹城乡发展，增强乡村发展的动力和活力，推进城乡一体化，是当前消除城乡壁垒，促进乡村社会文明进步的现实路径。

六、倡导自然、和谐理念，改善乡村生态环境，建设乡村生态文明

除了自然条件极其恶劣的地方外，传统农业文明时代的乡村本就是拥有碧水、蓝天和绿地的人类生命的乐园，空气清新，充满着生机。而工业文明的发展，在实现工业化、城市化的同时却忽视了生态环境的平衡，破坏了这种和谐，使人与自然的矛盾日益突出。近几年，伴随乡村工业的发展，乡村环境进一步恶化，各种污染不仅影响了数亿乡村人口的生活，甚至威胁到他们的健康。改善和优化人与自然的关系，建设环境优美、自然宜人、其乐融融、兴旺发达的文明新乡村，是今天社会主义乡村生态文明建设的主题。

（一）转变价值观念，重塑人与自然的和谐统一关系

前工业社会，人类一直以自然界提供的环境和条件作为自己生存和发展的基础，人类在辛勤劳作维护自身生存的过程中将自然神化，赋予其极崇高的地位，形成了敬畏自然、尊重自然、与自然相和谐的观念。今天，我们应重新体悟中国传统文化"天人合一"的价值取向和生态伦理智慧，基于对自然的尊重形成一种对自然存在深层次的文化认同。学会尊重自然、善待自然，强调与自然界的互利互惠，共生共荣，以人与自然协调发展的新观念指导我们的实践活动，自觉调整人与自然的关系，实现人与自然的和谐统一。

　　生态环境对人们的生活水平和质量起着至关重要的作用，良好的生态环境，使人们能够充分享受大自然赐予的青山、绿水、清新的空气和明媚的阳光。同时，生态环境本身也是一种丰厚的经济资源，可以提高农业生产率，增加农民收入，改善农民生活。从表面上看，环境问题是由某些自然的生产技术因素引起的，但从深层次上看，人们所追求的价值目标、社会所倡导的价值取向以及人对自然不断扩张的物质欲求，才是造成环境污染的真正根源。因此，环境问题其本质是人的价值追求问题。摆脱乡村环境危机，不仅需要技术上的努力，更重要的在于充分调动人的环境责任意识，促使人们对自身价值观进行反思，对自身生产、生活方式进行调整，逐步树立起追求良好生态环境和优美生活环境的价值理念。

　　从人与自然和谐发展的要求出发，实现人与自然、生态与经济的协调发展，是构建乡村生态文明的核心问题。针对当前乡村社会面临的生态问题，在乡村文明建设过程中，要把加强乡村与农业生态环境建设放在优先地位，通过加大对环境保护基本国策和环境法制的宣传力度，弘扬环境文化，倡导生态文明。通过提高广大农民群众对生态建设意义的知晓率，对生态建设的参与度和满意度，逐步引导农民端正价值观念，增强资源危机意识，落实人与自然和谐相处的理念。要引导农民改变传统生产经营方式和落后的生活习惯，倡导健康、科学的生活方式，推动农民的乡村生活真正走上生产发展、生活富裕、生态良好的文明发展道路。同时，努力提高资源利用效率，使乡村和农业经济系统与自然生态系统相和谐，实现乡村人口、资源、环境的协调发展。

　　改善乡村生态和人居环境，加强村庄整体规划，搞好周边环境、村内环境和人居环境，使农村和农田生态系统在具有居住和生产功能的同时，成为具有乡村特色、地方特色和民族特色的靓丽景观，是乡村生态文明的美好目标。通过乡村生态文明的建设，努力把广大乡村建设成为自然风貌与人文景观相互融合、产业生态与人居环境相得益彰、民俗风情与生态文明交相辉映、人与自然协调发展的各具特色的生态型田园式的社会主义新乡村，就成为当代中国乡村文明建设的生态追求。

(二) 大力发展生态经济，改善乡村生态环境

当前，解决乡村生态环境问题的有效途径之一就是提倡生态农业和循环经济。通过生态农业和循环经济减轻经济增长对资源供给和生态环境的压力，从而实现乡村经济效益、生态环境效益和社会效益的最优分配。

一是建立生态农业，改变传统农业发展模式。生态农业是一种以生态文明为准则的生态经济优化的农业体系，是指在保护和改善农业生态环境的前提下，遵循生态学、生态经济学规律，运用系统工程方法和现代科学技术，集约化经营的农业发展模式。它是一种按照"整体、协调、循环、再生"原则，调整和优化农业结构的农业生态经济复合系统。是将农、林、牧、副、渔各业和农业生产、加工、销售各个环节作为一个整体来规划，将整个乡村地区的各项产业一起带动发展的现代化农业。发展生态农业，既可以在农业生产中提高资源利用率、土地产出率，又可以丰富农产品品种、优化农业结构，最重要的是对于保护和利用自然资源、改善农村生态环境具有重要作用。发展生态农业，还可以让农民更加重视人与自然的和谐关系，提高农民的生态意识；促使农民学习更多的科学文化和种养知识，培育农民树立新观念、塑造当代新型农民。所以，作为现代农业的发展方向，生态农业既可以实现农业资源持续、有效、合理的利用，也可以实现经济效益、生态效益乃至社会效益的统一发展，是乡村生态文明建设的有效途径之一。

二是发展循环经济，构建环境友好的乡村社会。所谓循环经济，就是一种以低开采、高利用、低排放为基本特征，以资源—产品—再生资源的反馈式流程生产为技术特征，倡导与环境和谐的经济发展模式。循环经济要求开发节约并重、节约优先的原则，推行清洁生产，提高资源和能源利用效率，尽可能减少资源消

耗和环境污染。循环经济的发展思路为乡村经济的发展指明了方向。它要求我们推进农业资源的节约、高效和循环利用。如农作物秸秆、禽畜粪便等废弃物的循环再生利用问题，就可以通过对秸秆等农业废弃物的综合加工，制造出畜禽饲料和工艺品编织等，既可以充分利用资源、增加农民收入，也可以推进乡镇企业的集约化发展。乡镇企业应统一规划、合理布局、综合治理，针对规模小、布局散、工艺落后、污染严重等特点，走循环经济道路，遏制"村村点火"的低水平重复建设，限制高污染产业的发展，提高产品在产出各个环节的资源利用率，遏制乡镇企业成为乡村环境的污染源。

（三）以村容整治为核心，优化乡村人居环境

乡村居民的居住点建设是乡村生态文明建设的重要内容。乡村居住点的布局是否合理，村容村貌是否整洁，不仅影响农民的生活质量，也反映村庄整体的生态环境和精神风貌。由于乡村居民的生活习惯和历史原因，我国大多数乡村居住点布局比较散乱，村庄缺乏整体规划。这使得乡村交通通信、供水供电等基础设施建设的成本增大，给乡村居民的生产生活带来诸多不便。近年来新农村建设在新村规划、引导农民相对集中建房和居住方面取得了一定成效，但是对于大多数原有村庄来说，加强生产生活设施建设和人居环境治理，仍然是乡村生态文明建设的重要内容。优化乡村人居环境，主要是围绕村庄环境的整治，进一步完善基础设施，改善公共服务，节约使用资源尤其是不占或少占耕地资源，方便农民的生产生活。

村容整治是改善乡村人居环境的主要途径。在村容整治过程中，应立足于村庄已有的房屋、基础设施和自然条件，突出乡村特色和传统文化，有计划、有步骤、有选择地开展村庄的净化、绿化、亮化、硬化、沼气化工程，因地制宜、注重实效。一要贯彻可持续发展理念，在村容整治中，以节约资源和改善环境为重点，统筹乡村道路、通信、排水、广播电视等基础设施建设。以低成本、低消

耗、不增加或少增加农民负担的方式改善乡村人居环境。二是结合新农村建设措施，规划好农村工业小区、畜牧小区、村民生活区的建设。通过工业小区、工业园区的建设，引导乡村工业的集中，既发挥聚集经济效应，也减少对生活区的环境污染。在村民生活区，清理私搭乱建房屋，治理人畜混杂居住环境，处理好生活污水和垃圾。三是通过政府帮扶与农民自主参与相结合的形式，重点解决农民最关注、与其生活最密切的问题。一方面，制定相关政策，提高农民参与村容整治的积极性；另一方面，一定要尊重农民意愿，不能强迫命令。村容整治不是简单的"大拆大建"，让农民从平房搬进楼房，更不是修宽马路、通水通电等单纯的基础设施建设，而是对乡村社区的系统性改造和功能的提升。其中关键还是转变农民的生活方式，提升农民的生活质量。

乡村优良的人居环境应该突出地方特色，体现乡村风貌。通过协调农村经济、农业发展、农民生活与自然环境的关系，将乡村居民的活动与乡村生态环境的改善相结合，使文明、健康的生活方式与乡村田园牧歌式的传统生活在乡村文明社会中得到有机的融合。

当代乡村文明的建设，体现了新的历史时期中国乡村在发展目标上的崭新价值追求。是立足于我国的文化再造和传统继承；立足于尚未完全实现工业化的现实以及整个中国社会的现代化基础；立足于小康社会建设对人的发展特别是对农民群体生产生活的提升等多方面的把握。从乡村经济、政治、文化、社会和环境建设出发，实现乡村"五个文明"的协调发展，全面建设社会主义乡村文明形态，使得保持和发扬中华优秀传统文化（坚持"中国特色"）、坚持我国的政治理想和目标（社会主义方向）与发展乡村现代化三者之间保持高度的一致。

社会主义乡村文明离不开人的全面发展，面对大量乡村人口，稳定乡村生活、提升农民的生活质量并使其享受现代文明成果，使那些不可能进城或进城后迟早还要回乡的村民有一个更好的生活条件和发展空间，从而增强农民对当代乡村生活的价值认同是构建乡村文明所体现的人文关怀，也是乡村文明建设对传统乡村发展路径的超越。通过发展中国特色的现代农业,切实推进村民民主自治,完善乡村社会各种社会保障体系,提升农民的文化素质与道德水平,加强乡村生态环境保护等途径,逐步缩小乡村与城市的差距,不仅让乡村社会自身的主体价值和意义得到体现,而且再现一个环境优美、生活富裕、文明和谐、传承优秀乡土文化的新乡村形态。

参考文献

[1] 农业部软科学委员会办公室.农村改革与统筹城乡发展[M].北京:中国财政经济出版社,2010.

[2] 王仁宏,曹昆.谱写新时代乡村振兴新篇章[N].人民日报,2017-12-30(02).

[3] 张凤云.乡村振兴如何用好"资本下乡"这张牌?[N].东方城乡报,2018-02-27(A03).

[4] 卢福营.村民自治背景下的基层组织重构与创新:以改革以来的浙江省为例[J].社会科学,2010(2).

[5] 苑体强.实施乡村振兴战略中村民自治的空间和作用[J].农村经营管理,2017(12).

[6] 张红宇.乡村振兴与制度创新[J].农村经济,2018(3).